關於
n e x t

這個系列，希望提醒兩點：

1. 當我們埋首一角，汲汲於清理過去的包袱之際，
不要忽略世界正在如何變形，如何遠離我們而去。
2. 當我們自行其是，卻慌亂於前所未見的難題和變動
之際，不要忘記別人已經發展出的規則與答案。

我們希望這個系列有助於面對未來。
我們也希望這個系列有助於整理過去。

The Art of Social Enterprise
Business as if People Mattered

如何打造社會企業
以人為本的新商機，幸福經濟帶來大收益

卡爾·弗蘭克爾 Carl Frankel、
艾倫·布隆伯格 Allen Bromberger ——著

吳書榆 ——譯

本書獻給全球千百萬的社會企業創業家以及他們的支持者
—————是他們讓這個世界變成一個更美好的所在—————

目錄
Contents

part

1 / 所謂的社會企業

The Art of Social Enterprise

Business as if People Mattered

chapter 1 / 新世界，新規則

人生最美好的獎賞之一，便是真心誠意助人者到頭來一定也幫了自己。

——愛默生（Ralph Waldo Emerson）

大家好！本書是一本如何成功經營社會企業（social enterprise）的指南；社會企業是一種新興方式，用來處理有組織、具生產力的人類活動，其目的是滿足人們一方面想追求個人成就，一方面想服務人群的雙重渴望。

我們身為律師與從業者，在社會責任企業（socially responsible business）與社會企業領域加起來共有五十年的經驗，我們希望助社會型創業家一臂之力；當然我們也很清楚這有多困難。要成

為社會型創業家，首先最重要的，是要成為創業家，而創業維艱，十之八九都落得一場空。在創業任務中若再加入「社會型」的意涵，則又讓難度提高了一層。從某方面來說，這是因為社會企業的教戰守則本來就比較複雜。社會企業須服侍更多的主人，要考慮更多的變數。此外，這個領域的規則也比較不明確：社會企業仍在摸索發展階段，成功的羅馬大道需要假以時日才鋪得出來。此一範疇目前仍迷霧重重。而這也正是我們撰寫本書的用意：盡我們所能，讓一切撥雲見日。

沒錯，這裡充滿挑戰，但絕對是一場值得獻身的賽局。這不只是因為從事社會企業原本就是高尚且有價值的活動（可說是「人類能做的最大善事」），更因為就實務上而言，這可以增進你的成功機率……前提是你要有正確的規劃與策略。如今，人們渴望未來學家巴克敏斯特‧富勒（R. Buckminster Fuller）所說的願景——創造服務全體人類的世界，比以往有過之而無不及。這股熱望，正是社會型創業家手中的王牌。善用這股能量，套入你的創業計畫中，它將會是助你揚帆、帶你成功的順風。

為何要有社會企業？

在討論社會企業的運作機制之前，先讓我們來探討為何社會企業有這麼大的吸引力。從某種意義來說，概念就像是精蟲一樣：每十億個構想，只有一、兩個會在世上發光發熱。當這麼多概念都無疾而終時，為何社會企業會成功？

我們相信，社會企業之所以能抓住人心，是因為它訴求的是人們深沈的渴望，這也剛好激勵了所有偉大的宗教——盼能解除人類的苦痛。

那又如何？這個論點很跳躍，不是嗎？

沒錯，所以請容我們解釋。

如果你和我們一樣，你將很樂見痛苦終結。我們可以先從不會太過激進的穩健目標開始做，比方說，消除貧窮與疾病。

然而，不見得只有實體才痛苦，因此你也會樂見這個世界變得更公平。你喜歡看到有資源的人和沒有資源的人能有更平等的分配，你希望全球的女性都能和男性平權，你但願所有種族與宗教都同樣受到敬重和關懷。

如果你是一個完全以策略面為考量的人，你也希望引起痛苦的情境能有所改變。你希望生態體系能健全，不僅因為這件事本身就很重要，更因為健全的環境才會豐饒，進而減少貧窮與疾病。你期待政治體系能讓所有人受惠，而不要獨厚少數人。你期盼看到帶動社會體系發展的力量中多一點溫暖，少一點權力爭奪。你希望看到這個世界更美好、更高尚。

但，同樣的，如果你也和我們心思一致的話，這代表你在乎的不只有「外在」情況；你也關心自己，換句話說，也就是「內在」

情況。當我們想到世人所受的苦難時，自己也會心痛，沒有一個人希望如此。我們真的不想這樣！

且讓我們坦白說吧：在人類的利他主義渴望當中，也有著自私的成分。我們不是只關心自己，而是滿在乎自己的。這不是壞事，更絕對無需為此自我譴責。就算是不那麼自私的人，也會以自我為中心：把焦點放在自己身上。基本上，所有人都關心自身的福祉。

事實上，如果說人類有什麼優異之處，那應該就是受苦了。當我們向外看、檢視世界現實時，我們會覺得痛苦。當我們向內看、觀照自我內心，得出結論認為自己還沒發揮最大的潛能，或者覺得沒有盡力去減少人世間的災難，我們會覺得痛苦。

當我們無法得到期望中的結果時，也會覺得難過。有時候，是我們自己阻礙了去路；有時候，是這個世界擋了我們的前途；更有些時候，是兩者兼具。不論是什麼理由，當期望與成就之間出現落差時，都很讓人苦惱，而這樣的苦惱總是讓人難受。

從更一般性的角度來說，每當認知出現分歧，我們就會覺得受苦。如果我期待感覺自己很高貴，但對自己所作所為的評價只是勉強及格，這就是分歧。如果我想要自己能夠一帆風順，但現狀是好壞皆有，這就是分歧。如果我渴望終結貧窮，但處處可見貧民窟，這就是分歧，而，痛苦會悄悄地潛入這股分歧（以及所有的分歧）當中。

且以上述的思維當成背景資料，回頭來看社會企業。以目前的架構來說，現代的組織形式鼓勵受苦。企業的行事風格通常鼓勵「以我為先」的自私自利，這樣的觀點和人們想自認品德高尚的渴望互相衝突。非營利組織的行事規矩則通常抑制大膽、高效的行動，也不鼓勵冒險，但偉大成就像高貴的靈魂一樣，是每個人都想要追求的，也因此，非營利組織讓很多人倍感挫折。最後的結果是，人們得在兩種無法讓人滿意的選擇之間拉扯：如果他們根據組織的基本原則行事，那真是要命；如果不這麼做，也同樣要命。

這正是社會企業的切入點。社會企業的重點，就在為世界排憂解難，包括實體面、性靈面與情感面。它的重點就在於減少人類內心的痛苦，在於讓我們認同自己的所作所為，在此同時還要有效果。社會企業的目的，在於終結組織架構造成的分歧；現代的組織形式強迫我們在把事做好和去做好事之間擇一，因此加深了我們內心的折磨，也更難減輕這個世界的苦難。

如果你向典型的社會型創業家請益，他們絕對不會說：「我創業是因為我想要終結痛苦。」他們比較可能聚焦在自己特定的志業上，比方說：「我希望為城市農業的興起付出一點心力。」「我希望讓買不起眼鏡的人都能擁有眼鏡。」同樣的，如果你抽絲剝繭，剝掉層層外殼，到最後你會來到同樣的基本熱望：想要終結苦痛，包括內在的、外在的。眾神啊，請過來幫幫忙救苦救難吧！但，在這個時候，冥想祈禱只算是額外的加分選項罷了。真正管用的，反而是社會企業要求我們揚棄區分成營

利、非營利架構的舊心理模式，改用新的、整合度更高的概念，好好思考如何在這個世界上做好事。

在此，我們要提出一種見解，而且是非常讓人興奮的觀點：稍微修正我們的「現實通道」（reality tunnel）*，就可以誘發出不成比例的改變，讓這個世界更美好。

從這個層次來看，社會企業的概念中蘊含著崇高的成分（或許也有人說是打高空）。在夢想的一開始，你的計畫最終的目的就是要設法終結所有苦痛，而且，當你真正動手去做，心中無黨無派、念茲在茲的只有一件事：增進全體人類的福祉，對於這樣的創業行動，還有什麼好批評的呢？

這是一幅激勵人心的願景，無怪乎它能吸引世人的目光！

然而，這是可達成的目標嗎？這是終會有人提出的問題（人的心思就像脫韁的野馬一般快速，一下子就轉到這上面來了），但沒什麼幫助。比較切合的問題是，你我能否以個人的身分來創造出正面效益，讓世界因此不同？倘若能夠，這就已經足以構成行動的理由了。我們不需要費盡心力研究更高遠的問題，探究我們離創造出美麗的烏托邦還有多遠。

＊ 譯註：指人看待現實的觀點。

而我們確實需要遠大的夢想。不僅因為夢想可能實現，更因為這些夢想會讓我們充滿熱情，敦促我們起而行。而行動將讓一切大不同。

為何是現在？

高遠的願景並非新鮮事。基督教的教義便是崇高偉大的概念，其歷史已經超過兩千年。共產主義則是十九世紀的偉大想法。但，為何會有社會企業概念的發想？又為何是現在？

簡單的回答是，適合催生這個概念的時代來臨了。這個世界需要社會企業。

現在是前所未見的時代。全球的人們以空前密切的關係緊緊相連，能獲得的資訊數量更是大到史無前例；雖然有很多瑣碎無用、甚至邪惡有害的資訊，但無所謂。科學與技術的突破，讓這個世界以讓人訝異的速度轉變。我們內在的時間（急迫）感也隨之加快腳步，以趕上外在的變化，每個人都即將變成速度狂，帶來的副作用便是注意力失調。

在此同時，不管你往哪裡看，都會看到高牆紛紛倒下。崩解的信號無所不在：在內爆自耗的金融系統中，在飽受壓力的自然體系內，在失靈失敗的經濟體裡，更在那些無能無用的政治人物身上（在引來招搖撞騙和吹牛誇大型人物、連最出色的人都

無法成功的政治體系裡，不斷地自我羞辱）。

在面對這些事實時，舊有的慣用策略顯得很不牢靠。目前已經化身為全球典型的自由市場資本主義，能否幫助我們脫離這一團混亂？不太可能。那麼，民主政府體制呢？呃，你說的是**哪一種**民主政府體制啊？那，人民的力量又如何？別煩我們這些小老百姓，我們正忙著收看《美國偶像》（*American Idol*）呢！不合時宜、頹廢墮落與無動於衷主導了整個世界。

渴望創出一番不同局面的人因為組織架構而飽嘗挫折，其最初的源頭可回溯至十九世紀，一個和現今南轅北轍到幾乎難以想像的時代。隨著時代變遷，結果是營利性組織獎勵短期思維，以及利潤優先、社會與環境損害去死吧的態度。雖說這特別適用於描述全球性的企業，但小企業的經營法則也好不到哪裡去。多數小企業都沒有什麼資源，除了追逐極狹隘的自利之外，難有其他作為。

非營利性的組織同樣也不適合用來因應目前的挑戰。從歷史上來看，非營利性機構仰賴獎助與捐獻以維持生計。他們用來定義成功的指標，通常模糊不清，甚至根本沒有。當營收與績效之間的相關性不太密切時，罕見真正的創新。令人遺憾的現實是，非營利組織的經營法則通常鼓勵全有或全無式的風險態度，這也導引出實質的變化。

在這些現實之外，還有一項新的挑戰：過去用以維持非營利組

織的獎助與捐贈資源正在逐漸乾涸之中。如今不僅經營法則有問題，現在連經營之路都布滿了坑坑疤疤的坑洞！對很多非營利組織來說，若不是關門大吉，就是要另闢蹊徑尋找新財路，通常，唯一的選項便是依循商業規則，採取賺錢的策略。然而，一旦走上這條路，非營利組織會被指責成營利事業，他們本來享有的免稅待遇會備受質疑，這又回過頭來威脅到組織的生存。

我們周遭的一切都在崩解，舊有的行事方式再也不能把事情做好，世界是否就因此無望了呢？不。當一切分崩離析時，必會有新事物取而代之。取代可能需要一些時間（也可能會有一陣子很混亂），但新策略與架構終會浮現。崩解並不只意味著絕望，也代表契機。

這隻浴火鳳凰有三種可能的重生形式：第一種是技術面的。若斷言未來將不斷出現大幅度的技術進步，是一種很安全的說法。技術進步是好事，但也是一則以喜，一則以憂。上一個世紀教會我們太多事了，技術的進步很可能帶來意料之外的災難後果。

第二種可能性涉及意識革命。有一群人（我們猜想，這些人應是惡名昭彰的烏托邦式胡士托〔Woodstock〕情懷病毒帶原者）的預測是，全球的意識會轉型，導向一個充滿關懷、分享與愛的前所未見紀元。我們不這麼想；或許因為我們都是律師。但，我們**確實**預期世人的心智模式會出現比較溫和的轉變。人類如今的思考，已經比五十年前更全球化，類似的適應模式未來也

一定會延續下去。世人主要的現實通道發生轉變，再加上無可避免的技術進步，一定會催生出用來安排人類活動的新策略。

換言之（這也是第三種選項），我們會看到架構上的變革。

人類社會系統的架構轉變，已經硬生生地套在我們頭上了！只要想想社交媒體就好！在此同時，以安排組織架構、好讓人們能一起工作這方面來說，也出現了類似但沒這麼戲劇性的創新。幾個世紀以來，我們將民間組織分為兩大分支：營利與非營利。現在出現了社會企業這種混合型態，結合了營利事業的創造營收策略與非營利組織解決社會問題的承諾。

這種架構上的轉變出自於民間草根。採用這類型態的比率雖然跟社交媒體沒得比，但也很可觀了。「社會企業」一詞在 1980年代開始廣為應用。寫作本書的時間距離當時已經有二十餘年，在美國已經有 11 個州立法施行，賦予將社會承諾納入組織章程的企業正式的法律地位。第 12 個州（賓州）也即將採行同樣做法，2013 年，也有另外 16 個州將公益性公司（Benefit Corporation）的法律定位排入討論議程。不管用哪一種合理的衡量方法來說，接受的速度都算快了。

社會企業的模因（meme）*，出現在我們分解各種社會架構與制度後產生的真空地帶。同樣的，我們之前也提過，不是每個好的想法都能抓住世人的眼光。那，為何社會企業可以，而其

---

* 譯註：「模因」是一種文化單位，是透過文化繼承傳遞下去的一種想法、理念或行為模式。

他某些替代性的做法不行？是哪些理由，使得社會企業好比是動物保護協會（ASPCA）的小貓，那麼容易被人接納？我們提出以下的理由：

- 這無疑是一個正面的想法。社會企業融合了兩方優點，並加以發揚光大。社會企業鼓勵高尚行為，也呼應我們的理想主義。這讓人充滿熱血。

- 社會企業是可據以為行動的概念。任何人只要想做，都可以起而行，創辦一家社會企業。你不需要坐擁百萬才能創業（當然有錢好辦事），你不需要奉承監理人員或結交有錢或有權人士。就像大家說的，你需要的，只是一個夢想。

- 社會企業的概念比其他選項好太多。人們天生就喜歡做比較，而社會企業在這方面大幅領先。就像富勒寫的：「你絕對無法透過對抗現狀而改變什麼。要有所改變，就要建立一套讓現有模式不合時宜的新方法。」

這個世界到處都有問題。我們對全球人心氛圍的發展趨勢預測如下：如今每個人都在受苦，有時甚至非常痛苦，未來很可能更加痛苦。前景不太樂觀。我們能做些什麼？

在全世界，有越來越多人認為答案是社會企業。

關於本書

我們之所以寫作本書，是因為我們期望社會企業變成一種導向成功的制度，也因為我們希望每位社會型創業家能夠成功。如果我們認為幫不了你，就不會寫這本書了。

我們採用的方法，說起來不太傳統。多數商業書籍會把焦點放在策略戰術或領導上面，也就是說，著重外在或者內在的賽局。要成為成功的創業家，你必須精通這兩方面：你要做到外在精明、內在睿智，因此，我們會在這兩大主題上配置大致相等的篇幅。

本書將分成三部。Part 1「所謂的社會企業」提出一份概覽，綜觀一個新現象；雖然有點誇張，但我們可以說這股新興現象正在席捲全球。我們基於某些內在與外在理由（或者，如果你喜歡的話，也可以說是主觀與客觀的理由），才用這種方式來呈現本書。以實務上來說，第一部是一個架構，以利彙整之後比較片段零碎的資訊。這部分對於目前與未來的從業者來說也很有用，能讓他們感受到自己所處的環境。至於主觀因素，則是當我對自己說「我是一位社會型創業家」時，不免帶出的一個問題：「這句話是什麼意思？當我照鏡子的時候，我看到鏡子裡那個回看我的人是誰？」因此，這個部分要處理人最基本的問題之一：我是誰？而且，既然人是社會型的動物，這部分也要處理另一個相關的問題：我屬於哪一個族群？

Part 1 有三章：

- **新世界，新規則**：就是你正在讀的這一章。

- **進步中的族群側寫**：在這一章中，會輔以鳥瞰的觀點來檢視這種複雜且多面向的新興現象，針對目前的實務領域提出一種非正式的分類法。

- **世界觀之戰**：在這一章中，我們要檢視當既有與新興心智模式爭相成為世上最佳的表現模式時，社會企業要如何嵌入其中。

在 Part 2「關鍵三要素——理念、資金、人」中，我們將注意力轉向經營社會企業的機制。說到底，社會企業有三個截然不同的焦點面向：**理念**（他們要達成什麼目的）、**資金**（資金提供能量，讓他們能努力達成目標）以及**人**（就算是聰明絕頂的人物，也無法光靠自己的力量打造成功的社會企業）。Part 2 有四章：

- **心之所在，便是理念之所向**：討論理念。

- **錢很重要**：討論資金。

- **社會企業，是人的事業**：討論人的問題。

- **決策、決策、決策**：這一章則要帶領讀者完整體驗作者

之一布隆伯格的經歷，看他如何協同社會型創業家一起解決問題。我們納入這一章，是因為社會型創業家必須熟練於實地執行他們的策略與戰術選項。你要下棋，就必須瞭解棋子。面對社會企業時也一樣，而布隆伯格投入這場賽局已經好多年了。

Part 3「社會禪型創業家」著重的，則是內心的賽局。這裡會提出一份指引，教你如何活在當下並求得平衡，在此同時又能駕馭社會企業必然的快速發展步伐。這部分有三章：

- **企業的「氣」與「力」**：要揭去傳統（以及反傳統）的企業、權力與領導模因假面。

- **社會企業十誡**：討論十條絕對不可違反的成功原則。

- **克服創業家病**：則要因應幾種特別的挑戰，這些都是創業型（社會企業也一樣）人格特質中就算不是無可避免、也絕對會時常出現的結果。

我們還要提幾個應該很有用的本書相關重點。首先，我們在本書納入的內容，和傳統型與社會型創業家（以及投資人）都息息相關。不管是否為社會型創業家，只要是創業家，都需要募資，也都可能會因為「願景狂」（visionholism）而受害。我們也會討論領導統御；這是一種人生的技能，而非專屬於社會型創業家。

第二，我們努力讓本書精簡、容易消化並且寓教於樂。現代人沒有時間閱讀了；我們會努力遵循犯罪小說大師埃爾莫爾·倫納德（Elmore Leonard）給作者的忠告：「刪掉讀者通常會跳過的部分。」我們也會努力把書中的內容安排得有條有理，就算你只是瀏覽略讀，也能有所收穫。

第三，本書主要聚焦的地理區是美國，其中理由很簡單，這是我們最熟悉的國家（與法律體系）。有鑑於社會企業現象具有全球性的特性，在適當時，我們也會提到其他國家的活動。

最後才提、但絕對無損其重要性的是，本書當然無關性靈，但也從性靈面的直覺當中得到很多靈感。我們深信，要能成為貨真價實的社會企業專家，你必須活在當下，更要自知自覺。你在主觀上需要做到通情達理，在客觀上則需要熟練能幹。你需要培養技能，比方說，面對不確定時也能安然自在。你需要平衡自我與無我、自利與服務、自信與謙恭。你當然可以把這當成是一種性靈面的練習，也可以當成是領導的要求。以我們來看，這兩者之間有大量重疊之處。

請把這些初步觀點放在一邊，先來看點重要的東西。

讓我們來談談自己。

關於作者

在法庭上，我們會期待專家證人從一開始就展現他們的誠意。這是合理的要求，也是很適用於作者的要求。

同樣的，所有的書，說到底都是對話。如果你更瞭解我們兩人，你會以更個人（且更人性）的角度來看待本書的內容，而且，如果你知道我們的相關資歷，你比較可能相信我們所說的，基於以上兩點假設，我們要提供一些個人背景資料。

艾倫·布隆伯格

身為律師，激勵我所做一切的動機，是我要做好事以及要把事做好的渴望，我多數的客戶也具有同樣的本能。我的企圖心貼合客戶的目標，讓我得以創辦一份獨特的事業，著重在想方設法讓「慈善」和「企業」一起發揮綜效，以達成傳統法定組織型態無法完成的目標。我的客戶都很有創意，能發展出新方法來解決舊問題，我也一樣。當你想用不同的方法做事時，創意和改造非常重要。

1982 年起我擔任公益律師，負責的領域從囚犯人權、家暴到可負擔得起的居住與社會服務，就此開啟我的事業。在此之前，我則是住宅與政治活動總幹事。在從事法律工作的幾年後，我開始特別聚焦在非營利組織的需求上，比方說募款、管治、法規遵循、免稅、政治活動與商業活動，而比較不在意他們各自的業

務。就是在那段時間，我獨力撰寫並與他人合寫兩本廣受紐約區律師採用的著作：《井然有序》（*Getting Organized*）[1]以及《敬告非營利組織》（*Advising Nonprofits*）[2]。這兩本實用書的目的，在於協助缺乏經驗的律師有效率地處理非營利組織的法律問題。

當時，隨著非營利組織尋求新的財源，並在市場裡驗證他們提供的服務價值，當中的商業元素也快速成長。我很快就發現，企業與慈善之間的界線，使得非營利組織很難有效地從事商業活動，也讓營利事業難以有效地和慈善團體結盟。企業界的高階主管，經常為了慈善團體的運作方式而倍感挫折，所有的限制幾乎令人寸步難行。他們不太知道的是，我的非營利組織客戶也有相同的抱怨。

我很快就結交了一群有著社會情懷的企業領導人，開始和他們討論如何利用公司做好事，但又不要讓企業失焦或喪失獲利能力。我去瞭解企業如何起步、成長，如何做出策略性決策，高階主管、董事、投資人、客戶、供應商以及員工的利益又如何被扭曲、被妥協。我學到用比較好的方式為客戶提供諮商，讓他們的人生變得更輕鬆，而非更艱辛。

自此之後，我加入了好幾個董事會與委員會，為聯邦政府擔任顧問，針對支持社會企業與規範性企業提出建議，並就慈善團體與企業之間的合作撰寫了許多文章，我經常四處演說，我也經營部落格。有些很聰明的人定期請我提供建議，可見我一定

1　Allen Bromberger, *Getting Organized* (Moyer Bell Ltd. 1989).
2　Allen Bromberger & Catherine L. Woodman, *Advising Nonprofits* (Council of New York Law Associates, 1990).

做對了什麼。

這本書是一個媒介，用來彙整我過去學到的某些心得，並用寓教於樂且可親可讀的方式來分享資訊，但也夠深入、夠實際，可為讀者發揮用途。時代在變，我很高興自己是其中的一分子。

卡爾・弗蘭克爾

我受過律師訓練，也取得紐約州律師資格，並以作者、顧問及創業者的身分投入環保與社會責任企業領域二十餘年。

回溯生態企業的史前時代（那應該是在 1980 年代末期），我曾經寫過第一份環保消費主義的市場研究。自 1990 年到 1994 年，我出版一份產業通訊刊物《綠色市場警報》（*Green MarketAlert*），並為其撰文，這份刊物追蹤綠色消費主義、社會責任企業與企業環保主義的發展。在接下來大約六年的時光，我的焦點繼續放在企業和永續發展上面。我在一份著重企業環保主義的雜誌擔任編輯，寫了一本普遍受到認同的書——《地球的公司：企業、環境與永續發展的挑戰》（*In Earth's Company: Business, Environment and the Challenge of Sustainability*）[3]，和許多營利、非營利的組織商議，在研討會上演講，並以專家和思想領導者的角色普遍地投入這個社群。

3　Carl Frankel, In *Earth's Company: Business, Environment and the Challenge of Sustainability* (New Society Publishers, 1998).

隨著時光巨輪進入新世紀，我的關注焦點也開始轉變。多年來，我追蹤並與其合作的對象大都是既存的組織，我開始覺得自己好像被困在電影《今天暫時停止》（*Groundhog Day*）的場景裡。我不斷看到相同的錯誤出現，學不到新東西，並且進步的速度慢如牛步。在此同時，社會與生態的發展卻加速衝向萬劫不復的深淵。改變的速度能否再快一點？這是當頭棒喝，點醒我這是我們這個時代最重要的策略性挑戰。

當我在思考這個問題時，我找到兩個答案。首先，我們必須更深入瞭解引發永續發展危機的根源。這包括要整合永續發展的內在與外在面向，以及其他。這個觀點也激勵我寫下 2004 年時出版的書：《走出迷宮：我們是誰，我們犯了多大的錯，我們又能做些什麼》（*Out of the Labyrinth: Who We Are, How We Go Wrong, and What We Can Do About It*）[4]，在這本書我分析了我所謂永續發展危機的「深層架構」。

其次，既然老方法已經行不通了，我們便需要新的規則。有了這樣的體悟之後，我的注意力轉向社會企業，在這個領域同時當起作家與創業者。我花了好幾個月，撰寫由亞斯本研究院（Aspen Institute）委託的社會企業白皮書。有十八個月，我服務於多一網路公司（ManyOne Networks）的管理團隊，這是一個充滿雄心壯志但最後未能成功的社會企業，其宗旨是建立創辦人喬瑟夫・佛馬吉（Joseph Firmage）所說的「網路界的公共電視」。我也規劃了自己的社會企業「我們社區網路公司」（Our

---

4　Carl Frankel, *Out of the Labyrinth: Who We Are, How We Go Wrong, and What We Can Do About It* (Monkfish Book Publishing, 2004).

Community Networks），並花了三年時間經營。你可以把這家公司想成是網路分類廣告克瑞格清單（craigslist）加上團購網站酷朋（Groupon），只不過這家公司早在後兩者合併之前就出現了。自 2009 年開始，我成為親密藝術中心（Center for the Intimate Arts）這家性教育社會事業的董事總經理。

我在環保企業與社會企業領域當中深耕已久，期待和你分享箇中滋味。

The Art of
Social
Enterprise
Business as if
People Mattered

chapter

2

進步中的族群側寫

社會企業是我們這個時代的偉大制度創新。

——英國首相大衛・卡麥隆（David Cameron）

在本章一開始，讓我們先把一件事講清楚後放到一邊去：我們並不迷戀「社會企業」一詞。其一，這個詞的意義不是這麼顯而易見。對於不熟悉這個詞彙的人來說，「社會企業」是提起對話的話頭，而不是解釋其內涵的說明。對於某些人來說，這個詞則代表了另外一種可能性：「反社會企業」（anti-social enterprise）。但，我們沒聽過有任何企業期望自家員工比著中指到處跑來跑去。最後、但絕非最不重要的一點是，這個詞在

實務上會導致混淆，和「社群行銷」（social marketing）糾纏不清。如果你以「社群行銷」作為關鍵字在 Google 上搜尋，你會得到許多和 Facebook、Twitter 等相關的結果。

但，這個詞有兩個特質可彌補上述之不足。第一項比較弱：其他的替代性說法也沒有比較好。先驅社會型創業家穆罕默德‧尤努斯（Muhammad Yunus）偏好使用另一個詞「社會型商業」（social business）[1]，但並非所有社會企業都是商業，其中有一些是非營利機構。另外還有些說法，比方說，「混合價值事業」（blended value enterprise），但其意義完全不會比社會企業更明確；「慈善資本主義」（philanthro-capitalism），念起來不太順口。

更重要的是（這也是第二種特質），「社會企業」一詞具有吸引力。這個詞在語義上並未勝出，但是領先其他說法，對我們來說，這樣就夠了。

希望「社會企業」能長長久久。

定義社會企業

就像另一個相近的詞彙「永續發展」一樣，「社會企業」一詞正因為不精確而紅了起來。每個人都用，但沒有人確實瞭解其中的含義。

---

1 Muhammad Yunus, *Building Social Business* (New York: Public Affairs, 2010).

連專家也無法就何謂社會企業達成協議。或者該說，特別是專家的意見最多！這些人一直過於關心界限範圍的問題，舉例以下：

- 社會企業必得是營利事業，還是非營利組織也算？

- 社會企業必得運用賺錢的策略，還是也可以仰賴獎助和捐贈？

- 社會企業能否隸屬於更大型的傳統組織之下？換句話說，社會企業能否為**內部創業**（intrapreneurial）？

- 社會性的承諾是否一定要納入組織的正式文件內？

- 社會型創業是否一定要兼具創新和創業精神？若是，又要達到何種程度以及用哪些方法？

定義上的辯證已經持續多年，可能永遠也不得其解。在這當中有很多合理的看法，但也戳到不少人的自尊。就這點來說，值得去問一問為什麼我們必得有個共識性的定義不可。定義會改變行為嗎？人們會把定義護貝裱裝，放到皮夾裡隨身攜帶，以便隨時拿出來參考嗎？可能不會。有沒有定義，情況大致都和目前差不多，只有一件事除外：有一小群學術界人士需要找到新的耕耘領域。

我們不需要花很多時間來煩惱這件事。且讓我們實際一點：不

管討論有多熱烈，絕對無法針對社會企業達成公認的共識定義。
理由之一是，這裡並無需要挖掘的事實，只有意見，而，只要
有人，就會不斷出現新的意見。另一個原因是，社會企業是一
種活生生的有機文化新興現象，絕對是一股不受嚴謹定義限制
的蔓生性、草根性能量。長期耕耘社會企業的權威傑德・愛默
生（Jed Emerson），2011 年在加州聯邦俱樂部（Commonwealth
Club of California）演說時，就暗示了這一點：

> 我認為社會企業並無單一定義。這純粹是一股流量，跨越
> 各種不同的形式、主題與表現……它涵蓋的範圍從社會企
> 業到公民創新，從非營利、營利到混合，也貫穿各種資本
> 與股權架構……我認為，太精準地畫出範圍，花太多時間
> 辯證一顆大頭針頂上能容納多少社會型創業家跳舞這種無
> 用的問題，是在畫地自限。[2]

這並不代表定義無用，而是指最好的定義無須顧慮像小字印刷
排除條款那一類的陷阱。好的定義大致成立，能支持這項運動
的整體成長，不用擔心誰在哪裡寫下了哪些戒律。

以此為背景，且讓我們轉向我們（指布隆伯格和弗蘭克爾這兩位
作者）如何定義社會企業。基於上述理由，我們特意訂出簡單又
能廣納百川的定義，並著重在能量上，而不關心如何編寫符碼。
我們的定義並非普世公認；事實上，可以說差了十萬八千里。

2　Jed Emerson, "Social Entrepreneurship Defies Definition" (speech at the
　　Commonwealth Club of California, 2011), accessed September 19, 2012, fora.
　　tv/2011/02/23/Jed_Emerson_The_Blended_Value_ Proposition#Jed_Emerson_
　　Social_Entrepreneurship_Defies_Definition.

我們的定義聚焦在身為領頭羊的創業家抱持的動機上。如果他們主要的目的，是要透過某種商業性事業體來創造正面社會變革，如果這是每天早上能把他們從床上挖起來的理由，那他們就是社會型創業家。若否，就不是。

這是社會型創業的「內在」定義。檢視你的心！如果驅動你的力量是想要改變世界的熱情，你的方式是透過創業，你使用的方法是利用某種商業事業來引發對社會的影響力，那你就是社會型創業家，報告完畢。

這個世界上有許多企業都在做好事，可能是直接透過他們的核心活動，或者透過企業承諾承擔社會責任的間接方式。諸如埃克森美孚（Exxon）與威訊（Verizon）等企業，提供了許多這個世界需要的重要服務。然而，這些企業存在的理由，並非為了要打造一個更美好的世界，而是為了要賺錢。他們之所以關心環境、人權或其他任何志業，主要的驅動力量都是出於想要遵循法律、保護品牌與追求最高利潤的企圖。也因此，他們並非社會企業；社會企業的存在理由，是為了做好事。

這裡要加一條註記。社會企業並不只是個人的熱情行動，也是一種社會現象，在特定的時間點浮出檯面。越來越多社會型創業家自認是一場現代社會運動的成員，這場運動的組成分子是會動手去做而不是坐著抱怨的人；這一群身為變革媒介的人獻身於改變企業與世界，這場運動則像是他們組成的工會。任何合理的社會企業定義，都應該要體認到其集體性（且要納入特

有背景脈絡）以及個別性（且恆久不變）的認同。

如果你從沒聽過這個詞，或者你不認同更大格局的運動，你還能成為一位社會型創業家嗎？絕沒問題。很多信念導向的創業家投入的圈子，並不熟悉社會企業一詞。雖然他們本身也並未察覺到這一點，但不熟悉並無礙於他們成為社會型創業家。

這讓我們得出社會企業的兩部分定義：

> 社會企業是由一人或多人構成的組織，帶動其商業活動的主要驅動力量，是一股想在可維持經濟的前提下創造出正面社會變革的渴望，而這些人越來越有可能（但不必然）認同自己是一項發展中社會運動裡的一分子。

無關左派右派

你或許沒發現，但我們在定義中埋下了一個複雜的大問題。你可以從我們提到**正面**社會變革中一窺端倪。能不能請誰來定義一下何謂正面社會變革？具備哪些元素才能算是創造出正面社會變革，完全是主觀判斷的問題，理性的人對此可以有不同的看法。一個人可以提出似是而非的論證，主張開採更多原油可促成正面社會變革：因為這樣一來會提供更多的工作，帶來更多的繁榮富裕！或者，也有人會說販賣槍枝給一般人是好事：

這有助於減少犯罪,也維護了美國憲法第二修正案*!但這些活動通常都和社會企業無關。

這背後有歷史因素。社會企業是一種「第二代」的現象,緊接在「社會責任企業」運動之後出現。像班恩與傑瑞冰淇淋(Ben & Jerry's)以及美體小舖(Body Shop)這類公司,開始證明你可以成功經營企業,同時也堅守比一般企業更高的倫理道德標準。這些公司背後的心智模式是:傳統的大企業就算還不到徹底邪惡的地步,在道德上也絕對值得懷疑。他們自豪地採取激進的政治立場,並修正看待企業的態度[3]。

隨著人們開始面對事實,認清目前建構的組織形式是有礙達成正面社會變革的絆腳石時,「社會企業」一詞隨後才流行起來。社會企業是加值版。要成為成功的社會企業,你需要變成「升級版的班恩與傑瑞冰淇淋」。

人們假設社會企業這個成果和社會責任企業這個源頭之間彼此息息相關,這是完全可以理解的,卻沒說中精髓。雖然確實有很多左傾的社會企業,但你不見得要有激進的政治立場,才能成為社會型創業家。2009 年,德州浸信會通訊會刊《浸信會標準報》(*Baptist Standard*)刊出一篇文章,標題為「基督教社會型創業家以不同的指標來衡量成就」(Christian Social Entrepreneurs

---

* 譯註:為保障個人擁槍權利之相關規定。

3 並非所有抱持激進政治立場的企業都是進步的企業。有一陣子,目前已經倒閉的星條旗冰淇淋公司(Star Spangled Ice Cream)決定讓保守派人士表達狂熱的愛國主義,藉此和班恩與傑瑞冰淇淋互別苗頭。他們替口味命名時巧妙運用文字遊戲,如「小規模政府薄荷」(Smaller GovernMint)、「巧克恫嚇」(Choc & Awe)、「瘋狂環保主義者堅果」(Nutty Environmentalist)以及「我恨法國香草」(I Hate the French Vanilla)。公司將 10% 的利潤捐給支持美軍的組織。我們不知道該公司的冰淇淋口味如何,但他們確實很有幽默感。

Measure Success by a Different Yardstick），報導「一位住在香港的浸信會教徒」謝禮賢（Sam Say）的故事：

> 對（謝禮賢）而言……創立一家社會企業的出發點，是去問如何「掌握世間的資源，用於世間」。以他的情況來說，答案很簡單。基督徒購買咖啡。他的計畫著重在開發出新的經營方式，讓客戶去購買本來就打算要買的產品，但購買的對象是可以幫助他寮國故鄉貧窮農人生活的供應商……不到兩年前，他創辦了寶恩農場（Bolaven Farms），這是一座有機咖啡園，向美國的教會與一般消費者推銷其產品……謝禮賢解釋道，寶恩農場是「一家營利事業，背負著要公正經營、熱愛仁慈並謙卑地和上帝同行的使命」。[4]

美國國土安全應用科學基金會（Applied Science Foundation for Homeland Security，簡稱 ASFHS）[5]，是另一個和班恩與傑瑞冰淇淋大相逕庭的社會企業。根據其網站的說法，身為美國稅法第 501 條 C 項第 3 款規定下的非營利組織，國土安全應用科學基金會的使命，是要協助保護美國免受人為與自然災害，方法如下：

1. 匯集政府、民間與學界的力量，開發具有彈性且可持久的國土安全產品與服務，並將之商業化；

---

4 "Christian Social Entrepreneurs Measure Success by a Different Yardstick," *Baptist Standard,* July 29, 2009, accessed September 19, 2012, www.baptiststandard.com/index.php?option=com_content& task=view&id=9087&Itemid=53.

5 所有引用國土安全應用科學基金會的資料，均來自於國土安全應用科學基金會網站，存取日期為 2012 年 9 月 19 日，網址為：www.asfhs.org/ASFHS/index.html。

2. 為政府單位提供一流的指揮控制中心，以及；

3. 為第一線應變人員及其他國土安全最終使用者提供最新的訓練與演習方案。

國土安全應用科學基金會完成使命的方法，是聚焦在「加速技術移轉到以最終使用者為導向的產品與系統當中，以支援第一線災難應變人員以及其他國土安全相關人員」。基金會透過創新的企業策略來體現承諾，諸如打造「『活的實驗室』環境，地點就選在莫瑞利國土安全中心（Morrelly Homeland Security Center）……藉此使得政府與民間能進行前所未有的合作。結果是：用更有效率的方式開發與國土安全相關最終使用者需要且可負擔的產品，並將之商業化」。

哪些因素使得國土安全應用科學基金會成為一家社會企業？很簡單：這是由一人或多人構成的組織，帶動其商業活動的主要驅動力量，是一股想在可維持經濟的前提下創造出正面社會變革的渴望，因此，根據我們的定義，它是一家社會企業。

如果你不認為那麼理所當然，以下是可能的解釋。當我們想像原型的社會企業時，我們通常會想到一位心懷希臘人所謂「agape」、亦即對人類之愛的創業家。他會療癒病者，餵飽飢者！這並非國土安全應用科學基金會致力的範疇。這是一個戰士型的組織：他們所做的一切，都是為了保障族群（國家），而戰士需要自制，收起感性的心情；當你（以及你的兄弟）的

生命岌岌可危的時候，你不會想哭哭啼啼、滿懷愁緒。

但國土安全應用科學基金會絕對符合社會企業的資格。這是一份事業，帶動這份事業的力量，是想要創造出正面社會變革的渴望。社會企業俱樂部裡歡迎巴頓將軍（General Patton）型的人物，就像樂見德蕾莎修女（Mother Theresa）一樣。

社會企業是一個廣納四方的族群，不論是什麼種族、信念、膚色或原型，每個人都會受到歡迎。即便它有歷史包袱，但卻不沾染政治，這是一件好事。正面社會變革不是來自於左派或右派，而是來自於有良知的人想要做好事。

越多，越好。

主題的變化型

就像我們之前看到的，社會企業的一般性目的，是要創造一個更健全、更快樂、更清明的世界。從這個世界充滿的無窮無盡痛苦來看，你要承擔的基本使命無限大，也因此，社會企業被視為一個充滿無限機會的領域。

社會型創業家通常會從三方面下手。第一，他們會試著打入尚未獲得充分服務的市場。全世界約有三分之二的人口一天只賺 4 美元甚至更少，這些人基本上被消費經濟拒於門外。但，把這些

人加起來，就構成一個極大的市場。讓我們來算一下，大約 50 億人乘以每人 4 美元，再乘以一年 365 天，等於，哇！ 7.3 兆美元。這只是其中一個重點。真正重要的是，這些人亟需的服務，是位在收入金字塔更高端的人視為理所當然的項目，而且，我們有很多方法可以接觸到這群人。

在這方面的社會企業範例，是目前還處於早期發展階段的照明幫手公司（LuminAID），這家公司開發了一種可以產生光線品質類似於提燈的太陽能照明燈。這種太陽能照明燈可提供五小時的照明，日曬六個小時就可以完全充飽能源。照明幫手的太陽能照明燈其中一種主要可能應用，是取代煤油燈。根據照明幫手公司的網站說，「全世界每六個人當中就有一個人無法使用穩定的電力。很多人必須仰賴危險且具有毒性的煤油燈作為主要光源，並在照明上花掉高達 30% 的收入。隨著小型太陽能科技越來越進步，這些人和家庭沒有理由不該得到更安全、更便宜且更穩定的光源。照明幫手公司的太陽能照明燈，便是用來取代煤油燈的更便宜、更安全選項。」[6]

第二，社會型創業家會去找出市場失靈之處，並加以因應。這會涉及以下兩種做法之一。第一種方法是去中間化：也就是跳過中間人那一層。瓦比・帕克（Warby Parker）[7] 是一位以紐約市為總部的社會型創業家，他把設計師打造的鏡框直接銷售給消費者。這家企業的成本架構如下：公司每售出一副眼鏡，就能免費捐贈一副眼鏡給需要的人。

6　LuminAID, accessed October 5, 2011, www.luminaidlab.com/.
7　Warby Parker, "How We Do It," accessed October 31, 2012, www.warbyparker.com.

第二種方法則是成為情報中間人：社會企業直接跳進服務環節當中，扮演起連結／網絡交流的角色，以促成正面社會變革。南非社會型投資交易所（South African Social Investment Exchange，簡稱 SASIX）便是其中一例。這是南非第一家線上社會型投資股票交易所，或者，更精準地說，是一個禮物交易所：交易所牽線，幫忙那些能創造出可衡量社會影響力的精選組織獲得捐助。這些捐助稱為「社會型投資」，因為，根據南非社會型投資交易所的網站說，「雖然這些組織通常無法提供財務報酬，但他們確實會導引出實質、可衡量的社會變革。」[8] 基本上，南非社會型投資交易所讓想要支持社會企業的人能夠更輕鬆地做到。交易所會事先驗證社會企業的資格，讓潛在的捐助者不用自己去做實質審查，可以一步到位地完成捐助。這實際上也就是交易所的業務：交易所賺取營收，並將所有淨營收用來資助組織在未來創造社會影響力，而不是為投資人創造財務報酬。

最後，社會型創業家會修補毀壞的系統。以美國醫療保健系統為例，這套系統漏洞百出，政府的規範也無法修補。比方說，多數醫師平均花五分鐘看一位病患，這代表醫師未能視病如親，只是像生產線般地運作。這樣一來常常會造成不太妙的結果，因為醫師一旦以這麼快的速度看過一位又一位的病患，通常會錯失許多足以決定診斷是對是錯的重大資訊。

透過全一醫療集團（One Medical Group），內科醫師兼社會型創業家湯姆·李（Tom Lee）[9] 開始把「關懷」帶回醫療保健系

8　South African Social Investment Exchange (SASIX), "About Us," www.sasix.co.za/.
9　李醫師接受本書作者弗蘭克爾訪談。

統當中。他的目標遠大：為每一位美國人民提供負擔得起、優質且人性化的醫療保健，絕不降低標準。他的公司目前在舊金山、紐約、芝加哥和華盛頓都設有辦公室，主打特色是當天預約，無須等候，而且每一位醫療服務人員都會為病患付出足夠的時間。這是整合性的做法，焦點放在預防醫學上，並同時運用東、西方的醫學療法。他們也大量使用網際網路，從線上便可取得病歷，並透過電子郵件更新處方箋。他們的收費標準非常合理。年費為 149 美元，（沒有保險的病患）初診要再付 150 美元，之後每次門診則要付 100 美元。

當你知道客戶的反應非常熱烈時，你可能不覺得訝異。「人們已經習慣去找以老式生產線模式看診的醫師，因此我們遭遇的阻礙很少。」李醫師說，「但，病患照例都會大吃一驚；我們常會得到『這好到不像是真的』之類的反應。我們希望把人性與個人關懷帶回醫療保健系統。」

就像李醫師自承的，這種方法竟然能獲利，似乎很違反直覺。「在我創辦全一醫療集團之前，我花了很多時間深入研究醫療系統當中的投入要素與產出結果。」他談到，「從總體的觀點來看，顯然系統裡有大量的失靈無效之處，包括組織內部以及交易層面皆是。我們的營運模式捨棄紙本、運用科技，藉此來消除這些無效率之處，使得我們的行政人員成本僅有傳統醫療院所的三分之一。我們把這些省下來的成本再投資到客戶體驗上面。」

這種業務模式的規模有彈性，適用於城市與郊區各所得層的廣

大群眾。李醫師堅定地打造鼓勵在地聯繫與創新的企業文化與所有權架構。「大企業傾向標準化、同質化,並忽略在地環境,」他說,「我們渴望擴大規模,是因為外面的世界非常需要我們的服務,而在此同時,我們不想變成像大公司一樣,也不想忽略周遭環境。」

憑藉著全一醫療集團,李醫師利用系統中的失靈之處,打造出一個,這麼說吧,比較好的醫療陷阱。他的做法,是靠著有捨才有得的理念,最後的成果,是開創出一份有潛力大幅提升醫療保健服務品質、同時又能避開政治漩渦的事業。

社會企業這個類別

在社會企業的新興蔓生發展之中,你可能會預期看到各種不同的組織型態排列組合,事實上也的確如此。如果卡爾·林奈(Carl Linnaeus)這位二分法之父今天還活著,他可能會用以下的標準來區分社會企業:資金水準、組織型態、業務精密度與生命週期狀態。

資金水準

佔領華爾街(Occupy Wall Street)運動的抗議人士提醒我們,以全球經濟來看,「有」與「無」之間有一條很明顯的界線。而在社會企業這個比較小的世界裡,這種說法也成立,在這裡,

立意良善但資金不足者（我們稱之為「飢餓的一群」）與立意良善且資金足夠或充裕者（我們稱之為「穩健的一群」）之間，同樣也有一條明顯的界線。

不用說，如果你屬於穩健的一群，成功的機率就會大大提高。取得資本永遠是一大挑戰，信用緊縮時更是如此，如果你是一名只憑夢想、身無長物的社會型創業家，情況就會變得更險峻。而且，在社會企業這場賽局中，沒有什麼比取得資本更重要了（這一點千萬要搞清楚）。理由很簡單（沒錯，也很陳腐）：金錢就是力量。才華洋溢的員工與顧問有一種壞習慣，他們希望別人付錢購買他們付出的時間，而不是親吻擁抱。「R & D」（研發）當中的「D」指的雖然不是「dollar」（金錢），但這麼想也說得通。資本是一股引力：它賦予人地位，馬上就能帶來尊重並能引人注意。人說有錢人高處不勝寒，但窮人在底層更是鬼見愁。

但，你也可以靠著小錢創業成功。並非所有企業都需要百萬美元的創業基金；比方說，只要花 25,000 美元，就可以在市場上開一家具有吸引力的行動應用程式公司。就像我們在第五章中將會看到的，飢餓的一群有很多可善加利用的削減成本策略，其中有些人則是營收共享結盟的高手。同樣的，屬於飢餓族群這一邊的很少有人不渴望成為穩健的一群，唯有躋身此地，策略才能促成社會向上提升。

組織型態

社會型創業家可以從多種不同的組織型態當中選擇。組織型態大致可分成四個大類（其中前兩類是從法律面分類）：既有的組織型態、近期法規新創的組織型態、契約式的混合型態以及認證方案。

既有的組織型態

主要分成兩大類，分別為營利事業與非營利機構。非營利機構有兩大優勢：他們能接受可抵減所得稅的捐贈，且他們免稅（除非他們經營和主要任務無關的業務，若是如此，這些業務賺得的利潤必須納稅）。然而，非營利機構在獎酬上設有限制——他們的營運目的不可以是為了讓個人富有，他們沒有股份，因此沒有人可以「擁有」非營利機構（利潤必須留在非營利機構裡面）[10]。

反之，營利事業可發行股份募集股本，也可以用獎酬薪資來激勵員工；如果非營利機構發放如此高額的獎酬薪資，一般人會認為太過分了。但營利事業不可接受可扣抵所得稅的捐贈（至少不能直接接受，但也很難獲得間接的捐贈），而且董事要擔負信託責任，為股東追求最大利潤。因此，如果企業的社會使命會拉低所有權人的投資報酬率，將導致他們要面對法律上的風險。

---

10 為求簡化，本書中我們將非營利機構定義成根據美國稅法第 501 條 C 項第 3 款可免稅的組織。有些非營利機構也可根據本 501 條其他子項免稅，若是如此，這些非營利機構適用的規定為可免稅、但接受的捐贈不得扣抵所得稅。

多數社會企業會使用現有三種法定營利事業形式中的一種：股份有限公司（C Corporation）、小型股份公司（S Corporation）以及有限責任公司（Limited Liability Company，或簡稱 LLC）。這三種型態都讓所有權人可以免除個人的法律責任，差別是股東要適用不同的稅制：

- 股份有限公司：公司的利潤要課稅，當這些利潤以股利方式分配給所有權人時，股利要再根據該所有人適用的投資利得稅率課稅，投資利得的稅率較一般所得稅為低。

- 小型股份公司：利潤無須根據營利事業所得稅課稅，營收和費用都由所有權人分攤。因此所有權人會在繳納個人所得稅時被課一次稅，而非兩次。但要符合小型公司的資格，有些特別要求。這類公司的股東不可超過 100 人，全部的所有權人都必須為美國公民或長期居留者，該公司來自如租金或投資等消極活動的收入，不得超過整體的 25%，而且該公司只能發行一種類別的股票[11]。

- 有限責任公司：這類公司和股份有限公司及小型股份公司一樣，都在保證所有權人（稱為成員）免於承擔個人義務。而且，和小型股份公司一樣，利潤會轉嫁（pass through）給所有權人，變成一般的收入。然而，從經濟權及公司治理權來說，有限責任公司比小型股份公司更有彈性：任何人都可以成為所有權人，包括其他有限責

---

11 不可發行優先股，但普通股可以分為有投票權與無投票權兩種。

任公司、法人組織或海外公民。成員可同意以不等於所有權比例的方式來分割投票權與利潤。

請見附錄 A 的表格，當中詳細比較了非營利機構、股份有限公司、小型股份公司與有限責任公司等型態。

近期法規新創的組織型態

近年來，立法者提供了多種法規上的組織型態選項，用意就是為了降低或消除營利性企業承擔使命與賺取利潤之間的緊張。美國有幾個州已認可了低利潤有限責任公司（low-profit limited liability company，簡稱 L3C）具有特定的法律地位，有好幾州正在考量當中。這類公司的宗旨，是要經營「低利潤」營業活動以進一步推動慈善目標。這類公司不可以創造營收作為主要目標，也不可參與遊說或政治活動。低利潤有限責任公司原始的設計是要成為一種特殊目的工具，協助私人基金會可以用更簡單的方法進行和慈善方案相關的投資（program-related investments，簡稱 PRI）。然而，實務上極少有低利潤有限責任公司會去做和慈善方案相關的投資，大部分都是經營類似一般有限責任公司的業務，藉此籌募資金，只是他們利用低利潤有限責任公司這個名號當成「品牌」，在市場上與其他公司做出區隔。除了進行慈善方案相關的投資以及行銷之外，當非營利機構想把進一步推動慈善目標的責任納入組織文件時，非營利機構獨資擁有的子公司（進一步討論請見第四章）也很適合採用低利潤有限責任公司的型態。然而，整體來說，多數實務上的從業者都同意，

低利潤有限責任公司通常弊多於利。因此，在社會企業圈裡，低利潤有限責任公司被認為是比較不討好的型態。我們預期，未來幾年這種型態也不會扮演更重要的角色。

公益性公司公開承諾要達成一項或多項公益目的，在寫作本書時，共有 11 個州認可其擁有特殊法律地位。這類公司必須在組織章程裡具體說明，創辦公司是為了要達成一般或具體的公益目的，而且必須通過獨立第三方標準的判斷。這類公司也必須提出年度報告，說明公司過去一年為了實現其社會使命做了哪些事。如果套用這種公司形式，代表公司的董事同樣看重使命與利潤，因此，如果他們做出的是可推動使命但有害獲利的商業決策，也會受到保護 [12]。

更精準地說，與用傳統方式設立公司相較，公益性公司能受到更多保障。一般認為，雖說非公益性企業的董事做決策時，若未將股東利益放在第一位便不受法律保障，但一般認為，實際上的情況更複雜，沒這麼單純。利害關係人條款（corporate constituency statutes）以及商業判斷準則（business judgment rule），能讓董事擁有不小的彈性。

公益性公司這個主題在某些州有些不同的變化形，像加州，就有所謂可以將社會使命納入正式文件中的「彈性目的」（flexible purpose）公司。若為此種組織形式，當公司為達成社會使命而損害獲利能力時，董事可獲得保護，無需承擔責任。華盛頓州

---

12 這種情況引發疑慮，有人認為公益性公司會導致在法律上更嚴格解讀傳統的公司法，因此使得董事在追求非持股股東的利益時失去彈性。

最近通過一條法律，承認所謂「社會性目的」（social purpose）公司，內容大致如上。我們預期未來幾年會有更多形式出現。時間將能證明會不會有一種特定的形式主導局面。

契約式的混合型態（contract hybrid）

契約式混合型態的前提，是不論營利或非營利，任何單一的組織都無法靠自己的力量完成一家社會企業需要做的任務。反之，契約式的混合型態利用一系列的契約與協議，結合一家或多家的獨立企業與非營利機構組成彈性結構，讓他們從事單一法律實體無法從事的廣泛活動，創造出綜效。這兩家（或多家）實體（通常是一家非營利機構與一家營利事業），通常會組成一個各有其法定目的的混合實體，每一方各自負責遵循規範其行為的法規，然而，如果組織架構設計得宜，這兩個在法律上截然不同的實體，實際上可以像是同一個實體一般行事，至少從營運面來看是如此。藉由分享資源（包括人員、智慧財產權以及其他資產），他們可以密切協調與合作，每一方各自推動自身的目的與利益。但，必須特別注意的是，正式架構上仍要清楚切割。

認證方案（certification program）

社會創業者也可以選擇獨立投入於某些擔負社會責任的行動，不要接受任何法規上的限制。成為所謂的 B 型公司（B Corporation），就能獲得這樣的法律地位。B 型公司這種說法其實有點誤導，因為這種機構並非一種特定的「公司」型態，

而是指通過「B 認證」（B certification）的公司。B 型公司是一種品牌，是由本身即為非營利機構的 B 實驗室（B Lab）認證的機構，而非一種法律形式。要獲得認證成為 B 型公司，該企業的所有權人與經理人必須自願回答許多嚴謹的問題並接受測試，以衡量他們是否能堅守社會價值，並且符合社會責任、環保責任等經營方法。B 實驗室會公開測驗結果，讓消費者可以瞭解這些公司抱持哪些信念，以及他們如何將社會責任主張融入實務當中。B 實驗室把 B 型公司當成一個群體加以推廣，使得這類公司擁有行銷上的優勢，並能給他們更多誘因，合理地把社會性使命當成企業策略 [13]。

業務精密度

恐懼之淚（Tears for Fears）樂團在 1980 年代有一首紅翻天的流行歌曲，歌名就指出：「每一個人都想統治世界。」（Everybody wants to rule the world.）說得太好了，但，也有很多人想拯救世界，特別是理想主義還沒被放在人生經驗祭壇上當成犧牲品的年輕人。從實務上來說，這表示社會企業通常會引來高比例缺乏豐富商業經驗的人。這些都是飢餓的一群，他們需要明師指導，就像他們需要金援一樣。

當然，社會企業也會吸引很多具備商業敏感度的人。雖然其中有些資深創業家也會落入飢餓的一群，但這些人多半群聚在穩健的一群那端。

---

13 英國也有類似的品牌，稱為社會企業標章（Social Enterprise Mark）。

如果說有哪個領域是全面性地缺乏經驗，那就是社會企業了，
這和企業或創業的本質大不相同。在每個領域，最佳做法都是
長期累積下來才會出現，但顯然到目前為止的時間還不夠長，
尚無法累積出足夠讓社會企業完全成熟的共同智慧。即便是最
老練的創業家，當他們靠著體驗去學習混合型組織型態及成為 B
型公司的優、缺點時，也要摸索許久。

生命週期狀態

不見得每一家社會企業都是新創事業或處於初級階段。既有的
非營利組織有時候會在較晚期才朝向社會企業方向發展，採用
賺錢的策略。卡拉方案（Cara Program）[14] 便是其中一位「改造
者」。這個組織成立於 1991 年，提供生活技能與職業訓練、安
置與收容服務，對象為芝加哥地區無家可歸者及窮人。十四年
來，卡拉方案一直遵循傳統的非營利模式，透過獎助與捐贈取得
資金。2005 年，這個組織以其使命為基礎擴大營運，創辦清潔
溜溜公司（Cleanslate），這是一家社會企業，為就業障礙大的
對象（例如有前科者）提供工作訓練與就業機會。到了 2010 年，
清潔溜溜公司為芝加哥 14 個社區提供清除垃圾、園藝造景、剷
雪、特殊活動與物業保全等服務，為 220 人提供過渡性的工作，
營收超過 200 萬美元。

---

14 請見卡拉方案官方網站，存取日期為 2012 年 10 月 31 日，網址：www.thecara
program.org/。

大企業內部也可以催生出社會企業，若是這種情況，比較好的說法是社會型內部創業（social intrapreneurship）。有一個極著名的案例，是承蒙德盛安聯集團（Allianz Group）投入 1,670 億美元[15]，發展出微型保險（microinsurance）方案，服務印度、印尼、非洲與拉丁美洲活在收入金字塔底端的人。到 2010 年底前，該公司已經承保 380 萬份這類人壽、財產與醫療保險。另一個範例是伏得風（Vodaphone），這是全世界最大的行動通訊公司，帶頭開發行動支付方案（M-PESA）[16]，利用手機為肯亞、塔尚尼亞、南非與阿富汗人民提供行動銀行，這些人除此之外沒有其他管道可獲得金融服務。行動支付方案大為成功，肯亞有 1,000 萬人使用這項服務，相較之下，僅 400 萬人有銀行帳戶。

除了上述的簡短說明以外，我們在本書中不會再討論社會型內部創業。主要是因為這類事業的挑戰和社會型創業家要面對的大不相同。首先要提的也是最重要的，社會型內部創業家必須

---

15 請見德盛安聯網站中的「微保險」（Microinsurance），存取日期為 2012 年 10 月 31 日，網址：www.allianz.com/en/index.html。

16 請見伏得風網站的「匯款」（Money transfer），存取日期為 2012 年 10 月 31 日，網址為：www.vodafone.com/content/index/about/about_us/money_transfer.html。

讓高階主管接受他們的想法，但這些高層可能沒有半點社會企業的血液。這是它獨特的奧妙之處，也是非常重要的一點。但這僅適用於社會型內部創業家 [17]。

社會型內部創業極具潛力，能為這個世界帶來絕大益處，原因之一正是金錢就是力量，而大公司有很多錢：若拿企業的營業額和國家的國內生產毛額當成比較基準，全球規模最大的經濟體當中約有一半是企業。但這一塊在社會企業領域的地位就好比是澳洲：很遙遠，生態自成一格。也因此，本書不把焦點放在這個區塊上。

---

17 若有興趣討論社會型內部創業的挑戰，請見 David Grayson, Melody McLaren and Heiko Spitzeck, *Social Intrapreneurs — An Extra Force for Sustainability* (Doughty Centre for Corporate Responsibility, Cranfield University School of Management, 2011), www.som.cranfield.ac.uk/som/dinamic-content/media/social%20intrapreneurs%20occasional%20paper.pdf。

The Art of
Social
Enterprise
Business as if
People Mattered

chapter

3

世界觀之戰

要打破心智模式，比分離原子還困難。

——亞伯特・愛因斯坦（Albert Einstein）

現在，讓我們把注意力轉向放在整體文化趨勢脈絡下的社會企業。我們要先提出一段警語：這些是我們得出的一般化結果，其間個別差異很大。有些社會型創業家並不認同本章的觀察，有些人則覺得心有戚戚焉。

反殖民與民權運動興起，端賴人民看出可以用強而有力、道德上無可非議的方法抵抗暴政。環保運動成形，是因為人們開始理解工業文化正在對地球上的自然體系造成嚴重浩劫。就像過去的其他運動一樣，社會企業的出現，是來自於一種新的心智

模式：它是一套新興價值系統的後代（如果你願意的話，也可以說成是愛的結晶）。

一般人通常會透過組織型態的觀點來看待社會企業，把這當成營利與非營利架構的結合，因此，有一種傾向是把它看成相對表面的組織架構重整。其實並非如此。社會企業不只是各個部分拼湊起來的組織而已，而是一種深沈、基本的轉型。從全球的角度來看，我們都處在各種心智模式大規模衝突的處境中，追根究柢，是未來的世界觀和過去的世界觀互相對立。如果你還未真正感受到這股衝突，有可能是因為媒體太忽略這個面向；媒體完全沈迷在個別事件的喧囂與憤怒當中，對於更高層次的趨勢視而不見，尤其是太過抽象，而且，這麼說吧，隱形難以一窺的部分。但，這場戰爭確實已經開打，對於我們認為屬於「前瞻性」陣營的這一邊來說，社會企業是他們火藥庫裡非常重要的新興武器。

這場戰爭涵蓋兩個面向：邊界與危險。我們心裡認定的邊界，比分割國家的國界更多變、更主觀。邊界的重點是，當我們揣想誰算是「我們這一邊」的時候，我們認同的有哪些人；事實上，我們的認同是多重的。定義「我」這個人的邊界，是以自己的身體為界，其他每個人都是「另一邊」。家人是另一個「我們」，那是我要供養的族群。接下來，則是我的社區、我的國家、我的同族人，凡此種種，推到最後，是我們身為地球公民的共同地位。

只有到最後一點時，才出現問題。如果所有人類都屬於同一邊，沒有任何人落入另外一邊，那就不需要有邊界了：我們都在同一個陣營。

這看起來是好事，真的像是促成世界和平的妙論，但如果你的心智模式需要敵人，那又另當別論，倘若真是如此，你的心會反抗一個沒有「另一邊」的世界。遺憾的是，對抱持著族群式「我們 vs. 他們」世界觀的人來說，情況正是如此。

從歷史觀點來看，這樣的態度合情合理。在一個特性為資源稀少的環境裡，我理所當然，必須為了「我」以及「我的」而奮戰。

但這到底代表了什麼意義，則必須視情況而定。這有可能意味著我必須為了我本人而戰，或為了我的家庭、我的種族、我的宗教或我的國家。不管邊界劃在哪裡，以這種為了定義模糊的「我們」殺紅了眼的態度來說，當中少有空間能容納來自另一邊的他者。沒有「他者」，也就沒有我們。就「我」而言，若要知道我是誰、我要做什麼，我就需要有對手作為對照：他是一個壞蛋，一個要戰勝的人。

前瞻性的世界觀邊界較寬，而且比較能穿透。前瞻性世界觀出現的時間點，是在充滿指標意義、改變人類文化的藍色地球空照圖廣為散布之後，因此，這樣的觀點會比較偏向全球性，地域色彩比較淡薄。擁護這種世界觀的人有一種共同想法，他們認為在這艘脆弱的地球太空船上，只有全體人類輸贏的問題。

這種新興的心智模式深處懷抱的理念是全體人類均有人性，認為「我們 vs. 他們」族群式的世界觀是不合時宜、延伸自我且最終會導致毀滅自我的錯覺。前瞻性的世界觀是包容的世界觀，認為除了「我們 vs. 他們」的脈絡之外，還有很多值得去做。

接下來則是危險：這是人們的基本假設，設定在某些情況下，他們的世界就變得黑暗、險惡。如果到處都有敵人想要殲滅你，你理所當然會豎起高牆，拉起邊界。你當然需要結盟，以確保自身的生存，而且，如有必要的話，要確保你的敵人活不了。你因此落入了基本的惡性循環當中：你推定的威脅越嚴重，就越需要高築邊界；你越是拉高邊界，就越覺得被迫要穩穩地用腳踩住敵人的咽喉。

而，當然，反之亦是。因此，無須訝異，認知到有危險將會招致危險。許多基本上正直善良的人選擇立起難以拆解的高聳邊界，採取相對敵意深、攻擊性強的作為，是因為他們自覺別無選擇。他們打從喝奶起就接受這樣的觀點，認為這個世界便是這副模樣，若有誰忽略這一點，就得自食苦果。

但這個世界未必如此；如果有一小群人（比方說，社會型創業家）抱持比較仁慈、比較溫柔、比較感性導向的世界觀，以共通代替差異，以合作代替競爭，以社群代替征服，自然會改頭換面。

支持舊式世界觀的人，認為敵人一直「在那裡」，在另外一邊。

接受新興世界觀的人，則比較偏向於波哥（Pogo）*這一邊：「我們已經遭遇到敵人了，那就是我們自己。」這些人比較能對作家吉爾伯特・基思・卻斯特頓（G.K. Chesterton）說過的話起共鳴；當報紙提出一個問題「這個世界到底有什麼問題？」時，據說他寫了以下這封短信回應：「敬啟者：問題便是本人。順祝平安，卻斯特頓。」

一個多世紀以來，那些我們在後文將稱為「危險導向世界觀」的人，援用達爾文（C. Darwin）的演化論來支持他們的主張，或者，更準確地說，是他們自己的演化論版本。社會達爾文主義（Social Darwinism）力圖將生物學的概念應用在社會學與政治學上。這種主張的立基點，套用的是阿佛烈德・丁尼生爵士（Alfred, Lord Tennyson）的說法：自然乃「尖牙利爪的競爭」（red in tooth and claw），藉此展開的論據，支持自由放任資本主義的嗜血賽局，認為這是無可避免且「自然而然」之事。根據這樣的觀點來說，上帝本來就要給這個世界大量的不公不義不平等，跪下來懇求強盜貴族吧！

但這是誤解了達爾文。在達爾文第二重要的著作《人類的起源》（*The Descent of Man*）一書中，達爾文用了很大篇幅描述動物間出現的愛與利他行為。他提到很多動物都會彼此服務，而且，以利他主義為出發點彼此合作的群體，通常會勝過不這麼做的群體。雖然他主要的焦點還是競爭，但是他提出的是很微妙的觀點，為合作留下很大的空間。

---

* 譯註：美國諷刺漫畫的主角。

巧的是，社會達爾文主義者也錯讀了生物學。現代生物學家越來越認同，物種以及實際上整體生態系統的互動是既合作又競爭，此外，合作更是演化成功的關鍵。以演化生物學家伊麗莎白·莎托瑞斯（Elisabet Sahtouris）的話來說：「我們一次又一次貼近自然的觀察顯示一個順序，從一開始的激烈競爭，到之後會發現，競爭對手之間和平交易、分享、彼此餵養、為對手提供居所，甚至幫助他們繁衍後代，在此同時並共同循環利用資源，讓共有的環境變得更豐富，對所有族群來說，都是最有效率和效果的生存之道，甚至能夠繁榮興盛。」[1]

支持新興世界觀的人，對於社會達爾文主義者沒什麼耐心（當然，還是會表現出「我聽到你說的話了」這種容忍度）。偏愛拉低邊界與低侵略性行為的天性轉化成一種心智模式，捨棄不是你死便是我亡的態度，用另一種讓競爭與合作大致上能擁有相同空間的思維取而代之。愛、同理、人心與利他主義，這些都被視為在演化過程中自有其價值。

即便抗拒改變的反動派中堅分子必會抵死不從，但全球商業文化仍緩慢但確定地朝向進步的世界觀靠攏。我們在利害關係人的演變當中可以看出明顯證據。顧名思義，「利害關係人」是和特定公司有利害關係的人。好幾十年來，包括上個世紀的絕大部分時候，這個詞指稱的對象僅限於一種人：該公司的所有權人。這是獲得諾貝爾獎的經濟學家米爾頓·傅利曼（Milton Friedman）的觀點：公司存在的目的，是為了服務股東，完畢。

1　Elisabet Sahtouris, "The Biology of Business: New Laws of Nature Reveal a Better Way for Business," *Perspectives* (World Business Academy) 19, no. 4 (January 2005), www.sahtouris.com/pdfs/ BIOBUSPart2.pdf.

在最近幾十年，這種態度已經漸漸轉變。即使是最傳統的公司，現在也認同他們就算不用擔負信託責任，也有道義責任，要考量他們的行動會對其他利害關係人群體造成的影響，例如客戶、員工和他們營運所在地的社群。雖然幅度不大，但這道大門還是打開了。

傳統企業在這方面如履薄冰，社會企業卻大膽前行。若從廣泛運動的角度去理解社會企業，其核心價值以三種截然不同的方式反映新興的價值觀。首先，當社會型世界在擁抱利害關係人社群時，廣納百川。北極熊的脂肪組織裡含有德州來的多氯聯苯，希臘的經濟動亂會擾動日本經濟，在這樣一個世界裡，若說在地事件將會造成無遠弗屆的結果，是無庸置疑的。從極實際的層面來說，如今每一家事業都有七十多億的利害關係人，另外還要再加上自然環境。「一個地球，一個問題。」雖然社會型創業家不會隨時隨地把這句話掛在嘴邊，但這確實是一道認知上的過濾機制，很多人都會憑著這樣的信念去考量他們的選擇。

其次，社會企業把服務放在優先地位，反映了像莎托瑞斯這類「社交性達爾文主義者」的信念，相信凡是付出者必有所得。這當中有實務面（幫助其他人過得好），如果你相信幫助別人能讓你在因果報應機制當中累積福報，那麼，這當中自然也有性靈面。選擇去服務，是一種違反直覺的合理邏輯。說到底，如果我們真的是一體的，當我幫助你的時候，也就等於是幫助自己。

最後要提、但絕非最不重要的一點是，社會企業的合作性極強；

這不是「我們 vs. 他們」的思維，反而比較像是「人人為我，我為人人」。可想而知，社會企業也是對「我們都是一體」的觀點做出的呼應。

可確定的是，這種態度也越來越常出現在其他領域。近年來，我們看到群眾外包（crowdsourcing）、群眾集資（crowdfunding）以及社交媒體等由網際網路帶動的現象，這些現象的特色都是具有邊界容易穿透的水平式、均等化組織架構，重新開啟我們對社群與合作的理解。

就像之前提過的，如果你用「social enterprise」作為關鍵字上Google 搜尋，你會找到大量指向 Twitter、Facebook 等企業的條目，有些搜尋結果則指向本書主題所談的社會企業類型。有一個方法可以處理這種詞彙上的混亂。就像一般人所理解的，被稱為社會企業的新興混合型組織型態之所以能冠上「社會」一詞，是因為組織懷抱著社會性目的。但，實際上「社會的」一詞有雙重意義。從事由下而上、熱情導向事業的現代網際網路世代，其標誌是合作性、社群式的精神，而許多社會型企業家也同樣受到這股精神的激發。因此，「我們的」社會企業有雙重的社會意義：他們懷有社會性的目標，而且驅動他們的，是一股社會的、社群的能量。這個世界有 Web 2.0，依此類推，我們也可以有「社會企業 2.0」。

還有另一個特質使得社會企業大大與眾不同，且讓我們稱之為自我認知（self-awareness）。人類是自我指向型（self-referential）

的動物：我們行動，我們觀察自己的行動，我們觀察那個觀察自我行動的自己，依此可以無限類推下去。從這裡來說，我們所處的是一個四處都是鏡子的環境。在某種程度上，這種說法永遠都成立。當我們從事新鮮、開創性的事物時，亦即，當我們不僅是為了自己、更是為了未來將踏上同樣道路的後輩去做些什麼時，尤其明顯。社會型創業家不僅是實作者，他們也是典範與明師。這是一份額外的責任，並衍生出新一類的利害關係人：任何可能會因為他們的選擇或行為受到影響的，皆是利害關係人。

不只有社會型創業家要成為角色典範與明師。每個人都得這麼做：這是人無法逃避的角色。當某家公司虐待員工、糟蹋環境時，儘管多數高階主管在認知上並不贊同，但這隱含著他們默認：「這種行為是可接受的。」當這樣的行為變成習慣，進而演變成文化慣例時，通常無法啟動人們的個人角色典範與明師模式。然而，當你試著用不同而且更好的方法做事，當你堅持自己要遵守更高的道德標準，並在大幅拉低人我邊界的脈絡下這麼做時，你就比較可能敏感地察覺到自己在傳遞哪些道德訊息。

把這些彙整起來，你就會：

● 對於廣大的利害關係人生出一股責任感。利害關係人的範疇廣，包括地球上的所有人，再加上自然環境。這不代表做每個決策時都要考量墨西哥的技師或肯亞的廚師，而是要保持一種每個人都很重要的信念，不只關心和事業體有直接關係的人而已。這是商業界的蝴蝶效應。

- 懷抱社群式、包容性的態度，堅定地去獲得受事業體行動影響或希望事業體成功的人們積極的熱情與支持。

- 基於成為「典範與明師」的自我意識而擔負起諸多責任；很多社會型創業家都會把這樣的意識帶入工作當中。

- 感受到自己正參與一場廣泛、發展中的運動（這場運動是文化變革的先聲），以及隨之而來該承擔的責任：要成為激勵人心的伙伴、替團隊加油打氣等等。

我們一再地對自己說，並非每位社會型創業家都抱持這種態度。例外是存在的，而且為數眾多。但，我們的論述一般說來都成立。

從營運面來看，多了這些利害關係人，會使得決策流程更加複雜。你必須考量的相關人士更多！你具備雙重願景還不夠；但光要能同時看到社會責任以及財務收益，就已經夠複雜了。你需要三重願景，或四重願景，或者多重願景，你需要關注所有利害關係人，將他們整合，納入道德上、商業上都適當的策略之中。之後，除此之外，還有你自己的「角色典範與明師」責任！要在社會良知這方面成為黑帶高手，可不容易。

從這層意義來說，社會企業根本是一種和傳統商業截然不同的事業，完全是另一門藝術。

你是哪一類的社會型創業家？

就像我們之前看到的，社會型創業家有多種不同風格，以下是一些特別類型：

飢餓者／穩健者／改造者： 你可能財務上有個大缺口（飢餓者），或是財務狀況很穩定（穩健者），或是採用賺錢策略來創造營收的非營利組織（改造者）。

抱持先進的政治立場： 你可能是遵循班恩與傑瑞冰淇淋式傳統的人，換言之，毫不諱言自己的政治立場。支持佔領行動！反抗華爾街！諸如此類。

以信念為基礎： 如果你是目的導向，也就是暢銷書作家瑞克・華倫（Rick Warren）所說的以信念為基礎：激勵你的力量，是你想藉由服務人群來服事上帝的渴望。

變革催化者社群中的一員： 你可能自認為是某種特質創業者社群中的一員；這一群人的特質，是想要把資本主義轉型成無可爭辯的為善力量。

全球公民： 如果你沈浸在前瞻性心智模式當中，「全球公民」說的就是你。

在地思考、在地行動：或者，你完全不從全球性的觀點來思考。有些社會型創業家背後的驅動力量，是一股想要服務他們土生土長社群的熱情。你不在乎其他地方。這一群人焦點狹隘，聚集在特定的鄰里。

平等主義：你設想的任務，可能包括要比一般企業的做法更慷慨地分享財富。如果你投入於推動合作社式所有權架構或員工股權方案，這說的就是你。

積極的創新者：如果你傾向於檢驗社會企業的邊界，你就屬於這一類。比方說，多數社會型創業家會去區分實際所有權人（實際擁有股權權益者）以及「所有者」（對於事業的成就有著情感上或非股權財務利害關係的人）。積極的創新者秉持的原則認為，區分這兩類人已經是過時、誇張且沒什麼特別用處的做法，可能選擇給予全部的「所有人」實際的事業體股權權益。

典範與明師：你的選擇與行動當中有教育性的元素，暗地裡想對其他人傳達關於何謂正確、合宜的訊息，你對這一點認知到什麼程度？

活下去：你完全是因為實用的理由而受到社會企業的吸引，因為採用這種模式你更有機會活下去或活得好。很多改造者都屬於這一類。

這些類別都是混合又對應的，你可以分屬多類。

社會企業有破壞性嗎？

你是否認為社會企業具有破壞性，要看你是否認為轉型便等同於破壞；這個問題的答案，也會取決於你詢問的對象。對傅利曼而言，不管任何形式的企業社會責任概念，都會造成破壞：

> 如果認真看待「社會責任」信條，將會把政治機制的範疇擴大到每一項人類活動上。在哲學上，社會責任和多數集體主義信條並無差異，唯一的差異，只是主張社會責任的人宣稱，他們相信可以不用透過集體主義者的手段達成集體主義者的目標。「社會責任」在自由社會裡是一種根本上具有破壞性的信條。在這樣的社會中，企業有一種社會責任，而且就只有一種：善加利用資源，投入於旨在增加獲利活動當中，前提是它要受相關的規則規範，這也就是說，要在不可欺瞞與詐騙的前提下獻身於公開且自由的競爭。[2]

如果你和傅利曼站在同一陣營，那麼，所有社會企業從一開始的定義便具有破壞性。這是入門藥理論（gateway drug theory）的變化型：就像有些人相信大麻會讓你的癮頭越來越大，到最後變成海洛因上癮，同樣的，你如果開始接受社會企業，那麼，砰！你要知道，接下來你就會信奉社會主義或共產主義了。

2　Milton Friedman, "The Social Responsibility of Business Is to Increase its Profits," *New York Times Magazine* (1970), quoted in M.J. Perry, "Corporate Social Responsibility: 'A Fundamentally Subversive Doctrine in a Free Society.' Friedman," *Carpe Diem* (blog) March 8, 2011, mjperry.blogspot.com/2011/03/social-responsibilityfundamentally.htm.

這樣的論點雖然在某些地方仍有賣點，但早已不合時宜，而且以目前來說，非常荒謬。在二十世紀資本主義與集體主義的漫長戰爭中，資本主義勝出。這樣的現實，比什麼都更能充分證明社會型創業家和**社會主義**無涉；他們的承諾是要促成社會變革。社會型創業家這一類人，都是相信自由企業力量的虔誠信徒。如果不是這樣，他們就會投向政府或成為慈善人士來帶動變革，而不是靠著創立企業事業。

如果傅利曼的鬼魂從墳墓裡跑出來，並且我們有幸能在酒吧和他比鄰而坐，我們會這樣對他說：「教授，我們有好消息也要壞消息要告訴你。好消息是，你贏了這場戰役：資本主義打敗社會主義和共產主義，把它們變成早就過時的對手。壞消息是，你輸了這場戰役：唯有利潤重要這個概念已經完全不足為信了。實際上這個概念有害經濟、環境以及生活品質。社會企業這種『新觀點』並沒有帶著我們墮落到信奉社會主義，而且也沒有消失不見。我們已朝向正面的發展走去。現在，請不要再糾纏我們，滾回你的墳墓裡去吧。」

但，從另一種意義來看，社會企業是有破壞性的。就像我們之前看過的，社會企業興起於我們所謂的前瞻性心智模式，這樣的世界觀有深刻的轉型力量，也極具破壞性。把全體人類當成手足相待，就像耶穌帶來的訊息一樣具有革命意義。如果說耶穌的命運代表了某些意義，那就是祂的訊息具有十足的破壞性。

此外，不管有意無意，每位社會型創業家都間接地傳達了一個訊

息給主流商界（以及非營利組織）裡的每個人：你可以用不同的方法去做，也有其他選擇。半個多世紀之前，經濟學家約瑟夫・熊彼得（Joseph Schumpeter）寫過創造性毀滅力量的相關論文：當創新者引進新產品或服務導致現有典範轉型時，就啟動了創造性毀滅的過程。以熊彼得學派的意義來看，任何創造性毀滅的事物，就定義來說都是有破壞性的：舊的出局，新的進來！而，社會企業就是在做這種事，儘管這只是間接的次級效果。

如果我們花點時間剖析「破壞性」一詞，會發現它有兩層意義。我們可以把第一種稱為「一般的破壞性」，會產生的次級副作用就是熊彼得學派所說的創造性毀滅。第二種則是「特有的破壞性」，指的是一個人特意動手去壓制既有的權力結構。1930 年代共產黨間諜的破壞性，便是出於這層意義（喔喔，真的破壞）。

要造成特有的破壞性，需要有一個壞人：一個敵人。多數「無政治立場」的社會型創業家，都不會走上這條路。事實上，他們完全避開敵人（以及政治）。原因之一是，他們的經營行動通常出於我們之前說過的包容度高、邊界低矮的心智模式。另一個理由是，他們有憑有據地得出一個結論，認為要在政治系統內真正做出一點結果，幾近不可能，你必須繞過政治，才能創造出不同的局面。

2011 年，專欄作家阿南德・吉瑞德哈拉德斯（Anand Giridharadas）在《紐約時報》（*New York Times*）社論頁對版上，寫了一篇很挑釁的文章，提到「鮮少社會型創業家會採用挑起戰

鬥的方法」，以及「如果有很多像社會型創業家一樣聰明、誠懇且有智慧的人參政，就算許多社會型創業家都避免沾惹政治，那也沒關係。但事實並不然。不論這群人是要服務政府，或是從外部挑起戰鬥，政治都需要他們的活力與魄力」[3]。

或許吧，但社會企業的前提概念，是你不用把這個世界分成好人對抗壞人，或在官僚體系內部動彈不得，也能創造不同局面。對許多社會型創業家來說，政治裡充滿了無端的衝突（政治本身以及相關層面都很卑鄙），要承受失望與挫敗的機會太高。反之，社會企業以寬容、非對抗的姿態出現：這是廣袤的機會之地，這裡陽光恆在，還有一塊「歡迎光臨」的地墊鋪在前面，迎接經營事業的牧人。至於政治，就像俗話說的，總是讓人同床異夢，社會型創業家不接受這樣的妥協。社會企業是（至少看起來是）一個值得奮鬥的光榮、崇高領域，在這裡，你不用曲意逢迎，或和你無法尊重的人做交易，在這裡，什麼都不會干預你內心的渴望，或阻礙你充滿創造力的能量。

無怪乎，就像飛蛾會撲火一樣，社會企業也吸引了很多擁有聰明才智的人投入耕耘。

如果這剛好又會造成破壞，那就這樣吧。

3　Anand Giridharadas, "Real Change Requires Politics," *New York Times*, July 15, 2011, www.nytimes.com/2011/07/16/us/16iht-currents16.html?_r=1.

過渡階段

社會企業以極快的速度建立起地位，成為一個可靠、正統的活動領域。不到二十年前，幾乎沒人聽過這個詞彙。時至今日，雖然還不完全是，但社會企業也算主流了。2011 年 9 月號的《運動畫刊》（*Sports Illustrated*）登出一篇 5,300 字的專題報導，闡述如何以運動作為解決社會問題的管道[4]。雖然文章裡一字不提「社會企業」一詞，但也無損於這篇文章的主題便是在討論社會企業的事實。《運動畫刊》的編輯群對文化脈動的判讀很貼切：他們知道刊出這篇報導時機正好，但「社會企業」這個專用詞彙則還未到時候。快了，但還沒。

社會企業憑著其浪漫且幾乎全是小型企業的營運方式，變成了一項全球性產業。根據估計，2007 年，全球受聘於社會企業的員工約有 4,000 萬人，另外還有二億人擔任志工[5]。這是七年前的數據，現在一定不止了。在美國，多數一流的商學院都會開設社會企業學程或選修科目。以古老的商業傳統來說，這是對需求的直接回應。社會企業研究社（Social Enterprise Club）是哈佛商學院規模最大的社團之一，社員超過 400 人，而申請進入「為美國而教」（Teach for America）這家成就非凡的社會企業的企管碩士，從 2007 年到 2010 年成長了三倍[6]。

---

4   Alexander Wolff, "Sports Saves the World," *Sports Illustrated*, September 26, 2011, sportsillustrated.cnn.com/vault/article/magazine/MAG1190627/1/index. htm.

5   Charles Leadbeater, "Mainstreaming of the Mavericks," *Observer*, March 25, 2011, www.guardian.co.uk/society/2007/mar/25/voluntarysector.business.

6   Anand Giridharadas, "Real Change Requires Politics," *New York Times*, July 15, 2011, www.nytimes.com/2011/07/16/us/16iht-currents16.html.

社會企業走出自己的路，進入通常難以穿透的政治權力長廊。就像我們之前看到的，各州紛紛立法創造出有利於社會企業的組織架構，其速度之快讓人大開眼界。歐巴馬（B. Obama）主政的聯邦政府也展開雙臂歡迎社會企業，2009 年，美國聯邦政府成立社會創新與公民參與處（Office of Social Innovation and Civic Participation），其使命之一就是要支持社會企業。

沒有任何徵兆顯示社會企業快速成長的階段會是曇花一現。五年內，社會型創業家要面對的遊戲規則將和目前大不相同。法律與財務限制將會進一步鬆綁，大家也會更清楚什麼才是最佳做法。

這是值得堅持的志業：在這個加速衰退的世界裡，社會企業正在「得勝」。

part

2

/

關鍵三要素——理念、資金、人

The Art of
Social
Enterprise
Business as if
People Mattered

4

心之所在，便是理念之所向

若說通往地獄之路是以善意鋪成，是要嘴皮子多過心存慈悲；須知善意在天堂自有一席之地。

——羅伯・騷塞（Robert Southey）

要成為社會型創業家，就好像要成為主廚一樣，想要能術業有專攻，或說要真正精於廚藝的話，你不能光靠食譜，還要瞭解食材，並能發揮創意加以應用。社會企業有三個主要元素：理念、資金和人。第二部的每一章各自著重其中一個關鍵要素：

● 每一份事業都是從目標開始，也就是理念：我希望富有；我希望能提供大家都負擔得起的能源；我希望富有**同時**提供大家都能負擔得起的能源。每位創業家都想要踏上

某一段旅程，從此時此地走到遙遠的某一點。這是每一項事業的本質。**理念便是方向。**

- 你無法光靠意願或期盼的空想，就能從此時此刻走到設定的未來。你需要助力。如果你要用走的，得有食物提供能量。如果你有車可開，得靠汽油催動。資金的貢獻就在這裡。**資金便是能量。**

- 你無法靠著自己從現在走到未來。你需要顧問、客戶、隊友（包括員工和諮詢對象）、金主、供應商。社會企業是**社會性**的事業。**有人才得以實踐。**

理念、資金和人，是所有創業家的創業「三大要項」。但，社會型創業家抱持的理念和他人很不一樣。部分理由是因為他們要擔負社會與財富的雙重責任，光是這一點，就讓決策流程變得更複雜。此外，就像我們在前一章看到的，許多社會型創業家覺得要對更廣泛的利害關係人負責，超越傳統創業家的認知。

因此，要成為老練的社會型創業家，你需要精通兩個截然不同但彼此相關的領域。你要一一對照理念、資金和人，從而做出明智的決策。你也需要從盤根錯節當中理出頭緒：之所以複雜，至少是因為社會企業肩負財務與社會兩個面向的雙重任務，而社會型創業家自覺需要對更廣大的利害關係人網絡負責，使得情況更加剪不斷、理還亂。

社會企業很複雜。但這是值得人們多花費時間、心力的領域，特別是，當你知道自己努力要讓這個世界變成一個更美好的所在，你能從中獲得無上喜悅。

理念至高無上

明確的方向感對於所有事業來說都很重要，社會企業尤其如此。這是因為社會企業的理念便是其品牌核心。

傳統企業存在的目的，是為了賺錢，而且是要賺很多錢。從溝通的角度來說，會把此一基本事實隱藏在背後；這不需要特別加以闡述。蘋果（Apple）的品牌訴求優雅、使用方便與創新。沒有人需要去想到這家公司的基本目標：賺大錢。

對社會企業來說，理念就是身分認同，或者，最低限度，是身分認同當中非常重要的一部分。我們的存在，是為了服務人群。我們的存在，是為了成為更和善、更溫柔的資本主義形式典範。如果你在某個時候從品牌中拿掉這些意圖，就只剩下傳統企業，可能還有一小群被迷惑的支持者，以及如同燙手山芋的信譽危機。你會成為世人眼中破壞信仰的人。

2007 年，社交網站同時也是通過 B 型公司認證的沙發衝浪網（CouchSurfing），當他們從非營利機構轉為營利事業、並從創投業者手中募得超過 700 萬美元的資金時，就痛苦地學到了以

上的教訓 [1]；這個社群網站的會員會開啟自家大門，歡迎背包客住宿。當時管理團隊沒有太多選擇：國稅局駁回其申請適用免稅條款第 501 條 C 項第 3 款的要求，打消了該網站成為非營利組織的主要理由。但，這個理由並不足以阻止利害關係人大聲怒吼。沙發衝浪網裡敢於直言不諱的少數社群成員拒絕改弦易轍，部分原因是他們覺得有點被騙了：他們秉持的是等同軟體開放原始碼的精神，為當時仍是非營利組織的沙發衝浪網付出時間與金錢；部分理由是因為這個組織轉換成營利身分並接受創投業者的金援，顯然使得這家公司脫離人民對抗系統的「另類」階級，讓它淪為另一家沒有靈魂的企業而已。

聽起來可能很嚴格，但當人們覺得遭到背叛時，你就會落得如此下場。我們可以穩妥地假設管理階層改弦易轍的背後有幾個不同的動機：無法取得免稅地位，相信組織的 B 型公司身分足以證明其持續服務社群的決心，需要資本供企業成長，可能還有一部分是舊式資本主義者的貪婪（至少以投資人來說是如此）。當中的複雜性，遠超過許多人能夠接受的；以黑白分明的標準來看事情總是簡單多了：沙發衝浪網和我們同一邊 vs. 沙發衝浪網和他們同一邊。這樣的推論或許可鄙，但當一個組織改變架構時，確實會觸動如此的反應。一般企業的正式組織架構文件通常很低調、甚至根本隱而不見，但社會企業不同，他們的組織型態公開可見而且極具影響力：這已經深入品牌當中了。

不論是好是壞，人們對於社會企業都比對傳統企業有更高的期

---

1   Bobbie Johnson, "After Going For-Profit, CouchSurfing Faces User Revolt," *GigaOM*, September 11, 2011, gigaom.com/2011/09/01/after-going-for-profit-couchsurfing-faces-user-revolt/.

待。後果之一是，有很多人會在你整個事業生命週期中，放大檢視你如何確立、傳達與保有你的理念。

且讓我們分頭來檢視。

確立理念 [2]

讓我們聽從《愛麗絲夢遊仙境》（*Alice in Wonderland*）裡國王給白兔的忠告，並且從頭開始。在一切的最初，你要釐清自己的理念是什麼。你可以流於表面，也可以更深入完整地去弄清楚。從某個層面來說，你的社會使命用一句話就說完了：比方說，我們要為蒙羅維亞（Monrovia）*的女性創造有尊嚴的工作。但，人性很複雜，你的理念可能也一樣。因此，你可以考慮自問以下這類問題：

- 在你的理念當中，是否包括要促成催生出結合服務與利潤的新資本主義形式？

- 為其他創業家樹立道德行為典範這方面，你的態度是什麼？

- 你願意額外付出多少時間與心力，以擁有多元性別與種族的員工？

2　我們在本章中不另討論如何體現理念。每一家企業的存在理所當然都是為了體現理念這個目的。企業會透過商業策略來實踐。

*　譯註：賴比瑞亞首都。

- 你是否相信，從執行長到工廠現場作業的臨時工，所有人都應該獲得事業所有權的相關利益？

- 你的抱負是要做到多麼石破天驚的創新、達成多麼領先的地位？

這類問題直指你的價值觀和核心身分認同。每個人的內心深處，都知道自己是什麼樣的人，但這通常很模糊而且無法言喻。檢視這些直覺並加以解析，讓你明確瞭解自己，自有其價值。畢竟，在你能有效地和他人一起探討你的理念之前，你心裡要很清楚自己有哪些理念。你需要知道哪些理念是最重要的，哪些次要。你需要知道哪些是可協商的，哪些沒得談。你要知道你的團隊成員同樣須具備的共同理念是什麼。要做到這一切，你需要花點時間思索鏡中的自我形象，而且不能隨便找一面鏡子，得是必然會顯現出渴望、價值觀和理念深度與複雜性的靈魂之鏡。

一旦你做完這件事，就要把焦點轉向其他人。任何社會型創業家都不是孤島，你需要一個團隊才能打造一份事業：伙伴、員工、財務支持者，諸如此類。當這些關鍵利害關係人群體和你的理念不合時，企業一定會受害。由於大家忙著處理種種議題，寶貴的時間將無端被浪費在企業內部問題上；如果一開始溝通更順暢的話，應該不會有這些問題，而外部傳遞的訊息也變得不可靠。如果最後才發現你的團隊成員實際上並不瞭解事業的核心理念，你可能要面對不太滿意的投資人。

但，步調一致的利害關係人並不會彈指之間就出現；這需要努力。

要如何才能協調出一致的步調，端看你接觸的是哪些利害關係人團體。就讓我們先從創辦人談起；為便於討論，我們定義的創辦人是在最初期大力參與規劃和創辦事業的人，以及有資格覺得這份事業是他們心血結晶的那些人。社會企業可能只有一位創辦人，可能有多位，也可能有一群。不管人數多寡，重要的是，大家都能圍繞在這個企業存在的核心理由彼此協調、達成一致。

有一條規則是，透過對話協調統整最好，比法律文件效果更佳。確實，能達成明確的共識，是企業規劃流程的關鍵目標。每位社會型創業家一開始都懷有一個很棒的構想，比方說，我想要為舊城區的兒童創辦一家牙科診所，或者，我想改變城市農場的屋頂。接下來，他們要為理念的骨架加上血肉。他們需要發展出一套可行的營運計畫，預估營收與費用，設計行銷與銷售策略，進行競爭分析，找出並評估其他商業風險，並畫出籌募資金的管道。

你應該猜到了，商業規劃流程得出的結果，就是一份營運計畫。這是一份很重要的文件，理由有二：首先，這是你要交給潛在投資人眾多文件中的第一份。即便他們並未閱讀（多數人都會讀），但少了這份文件，你的可信度就等於零。其次、但也同樣重要的理由是，這可以讓團隊成員暢所欲言、充分思考，在釐清業務模式以及必須要做對哪些事才能成功的時候，尤其如此。

我們都透過很痛苦的方式學到教訓，瞭解對話不見得能得出共識與協調。但，當參與者加入對話的目的是為了要生出一份共識文件時，機率就會大幅提高。

營運計畫從來無法真的做完。營運計畫都是梗概摘要，會隨著業務營運環境以及策略的演變而持續更新。現實便是這麼麻煩，需要投注大量心力，但，這也是一種潛藏的祝福，因為營運計畫正是持續達成共識與一致的引擎。

創辦人不需要在每個議題上都完全合意。能相互一致當然是好事，但這種事從來不曾發生。比方說，你們可能會認同事業的核心理念是要生產對環境友善的產品，但對於在當地要生產哪些品項，或是否要使用成本較低的外勞，有不同的看法。歧異無可避免，而且最終也都是健康的。歧異正是讓一家公司有創意、有活力的因素。但你需要針對事業的核心理念、價值觀與身分認同，持續維繫彼此的契合。不然的話，就會失去向心力，甚至出現混亂。

把這些協議濃縮精鍊成書面，是否最好？請把這種做法列為「非必要項目」。理念蘊藏在心裡，心會不斷改變，因此，不需要多此一舉寫成書面。但也有些情況是你必須將你的協議寫成白紙黑字，尤其是有外部投資人時。「刻在石板上」（或寫成數位格式）的宣言，在熱烈爭論企業策略或理念的期間，或許可以當作好用的提醒。但，大致上來說，這種文件通常會變成像是布滿灰塵的古董一樣：你知道東西放在某個地方，但不太記

得內容是什麼了。企業是活生生的實體。說到底，任何協議都會活在當下，並在利害關係人的社會脈絡下持續日新又新。

如果你已經決定將事業的核心理念變成有法律效力的文件，股東的協議書是最可行的工具，或者，以有限責任公司來說，則可用說明事業所有權人責任義務的營運協議書來代替。

社會型創業家也需要配合投資人；這一群人可能和創辦人重疊，也可能沒有。在這個面向上的主要企業風險，是社會企業會選擇少賺利潤的經營之道，但投資人對這一點有意見，最嚴重者可能興訟。要確保這種事不會發生，就要從一開始好好管理大家的期待。如果投資人知道你的企業基於社會使命而不追求最大利潤，之後他們就比較不會抱怨這項政策。

協議要寫到多正式，取決於你要和哪一類型的投資人打交道。如果投資人是親友，你可能不需要正式文件。這些人會投入小筆資金，通常是因為他們在乎你，而不是他們已經做好冷酷的預期獲利計算。他們會控告你的機會，可以說是微乎其微。雖然向他們清楚傳達你的事業是什麼很重要，但你可能不需要花時間與費用去編製有法律效力的正式文件。但要特別注意：美國證券交易委員會（Securities and Exchange Commission，簡稱 SEC）有很多細節規範，規定公司向投資人籌募資金的方法，如果你不想惹上麻煩，就要遵守。特別是，可免稅的「親友」募資對象範圍非常狹隘。最重要的是，你必須和這些投資人之間有密切的私人關係，朋友的朋友就不能算在內了。

往上爬一級，就是尋找一般的天使投資人（angel investor），其適用的規範又不一樣。在找天使投資人時，創業家一般會開口的投資金額為幾萬或幾十萬（比較偏向一、二十萬）美元，通常每位天使投資人投資的資本從 1 萬到 25 萬美元不等。這裡要用到的基本文件，是私募資金備忘錄（private placement memorandum，簡稱 PPM），主軸為穩健的營運計畫。創辦人應在私募資金備忘錄說明事業的核心理念，包括他們是否認同要基於社會使命而賺取較低的報酬。營運計畫是私募資金備忘錄中相關資訊的來源，但它是另一份不同的文件。私募資金備忘錄中也要揭露實質風險，並詳細說明投資條件。證交會的規範，就適用在這裡。如果你遺漏了必須揭露的資訊，可能就要擔負證券詐欺的責任。從一開始啟動對話，透明度就非常重要：你不會希望一路上丟給投資人突如其來的意外衝擊，也絕不希望誤導任何人誤解你正在從事的事業、你的做事方法，或是你的投資人可以有哪些合理期望。

原則上，若要犯錯，過度謹慎總比粗心大意好，和法律顧問合作一同編製私募資金備忘錄，幾乎永遠都是比較好的做法。

如果你的金主當中有超高淨值財富人士，符合法律上較高階的「合格投資人」（accredited investor）資格，基本的私募資金備忘錄通常就夠了。你也可以去接觸非合格投資人，但我們通常不建議這麼做，因為證券相關法規會讓情況變得更複雜而且風險更高。原則上，雖然法律許可，但我們也建議募資時不要混合非合格投資人與合格投資人。但，事情總有例外。一切要看

參與者是哪些人,以及如何草擬私募資金備忘錄。

如果你確實去找了非合格投資人,你可能得在私募資金備忘錄中揭露更詳細的資訊,並以更顯著的風險條款警告潛在投資人。規範合理地認為非合格投資人需要更多法律保障,理由有二:因為他們沒有這麼多資金可以冒險,而且,根據定義,他們並不像「合格」投資人這麼老練。你在針對合格投資人草擬私募資金備忘錄時,會比對非合格投資人有彈性。面對後者,你必須使用更嚴謹、詳細的格式。

使命/資金之間的緊張氛圍,一開始通常就在這裡出現。完全以獲利為導向的投資人,可能會因為未來要接受較低投資報酬率而退縮,他們會拒絕加入或是要求更優惠的條件。這可能回過頭來強迫創辦人做選擇,在完全投入社會使命與籌足所需資金間選邊站。這是社會企業一再面對的難題。

另一種經常出現的拉扯,是投資人與顧問之間的緊張關係。有時候投資人願意基於社會使命而接受較低的報酬率,但,投資人背後的專業顧問卻不做如是想。社會企業是一種新興組織,許多主流投資顧問並不瞭解也不看重。就我們所知,至少就有一個實例是投資人必須開除律師才能完成交易。

社會企業另一條可能的募資管道,是創投。但,這是非常不理想的一條路。大多數創投業者都是純粹的以錢為重;他們使用嚴格的財務績效指標來定義成功,至於一家公司的社會使命重

不重要，他們僅會看這對財務績效造成多大的正面或負面效果。創投業者通常也會干涉管理階層。身為嚴謹的專業投資人，如果他們相信自己的投資可能被帶往不同方向，通常都會堅持要有干預的權利。

轉向創投尋求支持的社會型創業家，很可能導致他們的社會使命陷入危機。通常不要走這條路會比較好，但如果你的社會使命可以協商或一定會增進事業的財務價值，那就另當別論。

以下要提出一項很重要的注意事項。近年來，出現一群社會型導向的創投業者。其中一家機構叫奧米迪雅網絡（Omidyar Network），是由電子灣（eBay）的創辦人皮耶・奧米迪雅（Pierre Omidyar）以及其妻子潘（Pam）於 2004 年創辦。「身為一家慈善型投資公司，」該機構的網站寫道，「我們支持有潛力創造大規模、具有催化影響的市場導向做法。為達目的，我們的投資風格超越了一般界線，不再只是分成利潤投資與傳統慈善行動。因為我們相信，這兩類組織各有其該扮演的角色，我們投資營利公司，也獎助非營利機構。」[3] 時至今日，奧米迪雅網絡已經在多個領域的營利事業與非營利組織中投入了超過 2.9 億美元，包括促成金融普及性、創業、財產權、消費性網際網路與行動網路，以及提升政府透明度。

其他的社會型創投組織，包括良善資本公司（Good Capital）、斯柯爾基金會（Skoll Foundation）、城市之光資本公司（City

---

3　請見奧米迪雅網絡網站中的「取向」（Approach），存取日期為 2012 年 9 月 19 日，網址為 www.omidyar.com/。

Light Capital）、RSF 社會基金（RSF Social Fund）、新伙伴組織（Renewal Partners）與劣勢創投（Underdog Ventures）。這些領域的金主，會支持與其相呼應的社會使命。

社會型資本的市場仍相對較小，但正在快速成長當中，這都要歸功於像使命市場（Mission Markets）這類先進組織的協助與背書；旗下的永續性與影響力投資交易所（Sustainable and Impact Investment Exchange，簡稱 SIIX），讓會員能夠取得資金以及其他服務。另一個範例是社會資本市場（Social Capital Markets，簡稱 SOCAP），這個組織贊助一項年度活動系列，讓一流的全球創新者（包括投資人、基金會、機構與社會型創業家）能聚在一起，打造出其網站所稱的「交會在資金與意義相遇處的市場」[4]。投資人圈（Investors Circle）、社會型創業伙伴（Social Venture Partners）以及社會型創業網絡（Social Venture Network）等組織也很類似。在未來兩、三年內，社會型資本市場的規模將會比目前大很多。

除了親友、天使投資人和創投之外，最近出現了第四類投資人。根據目前頒布的新創企業啟動（Jumpstart Our Business Startups，簡稱 JOBS）法案，透過網際網路上的合格群眾外包入口網站，美國的小型企業可向小投資人募得最高 100 萬美元的股權資金。雖然新創企業啟動法案引發合理的隱憂，讓人擔心會為詐騙集團帶來機會，但也為許多支持者社群規模夠大、但缺乏可行管道接觸到高財富淨值個人的小型企業帶來生機，為他們創造急

4　請見社會資本市場網站中的「關於」（About），存取日期為 2012 年 9 月 19 日，網址為 socialcapitalmarkets.net/。

需的投資管道。這項法案也讓多數人可以小額投資他們喜歡的小企業。在撰寫本書時，這種新的群眾集資管道相關細節還沒整理好，證交會正在擬定施行法律的相關規定。但，這是一個值得貼近觀察的領域，當你是一家可以從支持者實質投資當中獲利的小企業時，更是如此。

溝通理念

基本上可以透過三個管道來溝通理念。第一，你可以納入具有法律效力的企業文件，例如私募資金備忘錄或股東協議書。雖然這是傳達你嚴正看待理念的有效方法，但這樣做也有缺點。就像我們之前提過的，這類文件不太容易在外流傳，通常都鎖在檔案櫃裡（或者，以現在的環境來說，是鎖在硬碟裡）。這些文件是內部人士資訊，和面對大眾的品牌之間沒有太多相關性。

另一個缺點，則是企業文件就算出現在世人眼前，也並非永遠有效。今日的理解可能變成明天的歧見。具備法律效力的文件可以修訂（通常也會這麼做），因此，實際上並沒有想像中這麼恆久。

第二個選項是從組織型態著手。當你成為美國稅法第 501 條 C 項第 3 款下的非營利組織，就等於公開宣告慈善或教育使命是你最重要的目標。如果你成為公益性公司，你就是自豪地宣稱你是一家社會企業，這意味著你已經做好準備，為了社會使命

放棄利潤。同樣的，如果你尋求第三方認證成為 B 型公司，利害關係人將能正確地解讀，知道這代表管理階層和董事會可能打算把社會使命和利潤放在同等地位，更廣義的來說，是要經營一家「與眾不同」的公司。

第三種溝通組織理念的方法，是透過持續的溝通。在公司內部，你需要確認員工完全契合你的理念。若能如此，內部衝突就會少很多，傳達給外部的訊息也會很一致。在理想狀況下，要為員工提供訓練，包括討論身分認同與理念，透過口頭與書面溝通以持續強化這些內容。

還有品牌。沒錯，你想要溝通傳達你的社會使命，但在之前還有別的重點：你的可信度，你的誠信操守。你最初的工作，就是要培養出信任。相較之下，其他的一切都只是微調而已。那麼，你要如何培養出信任呢？

你必須真的**值得信任**（我們知道：這不是廢話嘛！但在這個世界上，到處都是在接受倫理訓練時心不在焉瞪著窗外的人）。

你需要證明你**追求卓越的承諾**。你要有真正追求卓越的熱情。你需要透過你所說的話展現出這種特質，並反映在所有的產品與政策上。值得信任的人會以高標準自我要求。這正是他們讓人信任的理由。

你需要證明在文化上能契合你的關鍵利害關係人群體，包括你

的所言所行。你需要使用這個族群的共同語言。在這方面很難假裝，因為所謂的「語言」不只是你說的話而已。這當中充滿了弦外之音與符號：包括了許多未說出口的微妙假設，指向什麼才是適當的關係、適當的溝通。由於你經營的是社會企業，通常你需要用我們所謂的前瞻性心智模式作為溝通的起點，這樣的模式會偏向於拉低邊界並揭露更多資訊。而這也帶領我們進入下一個重點⋯⋯

你必須做到**透明**。享受成功很簡單，接受失敗（人總是會失敗）則比較有挑戰性。但，你有可能透過接受失敗而培養出信任。你必須以坦誠、直接而且清楚透徹的態度來討論議題，你必須承認你在哪個地方做錯了，並聲明你將會改變自己的行事作風。就像2012年蘇珊柯曼乳癌治療基金會（Susan Komen for the Cure）的公關危機所證明的，遮掩只會讓問題更複雜，坦白則有相反的效果。當你承認砍下櫻桃樹，這會讓你成為一國的開國之君，而不是變成躲在穀倉後面的窩囊廢。把一切掏心掏肺全部說出來，並不適合你；但採哀兵姿態進行溝通，則是另一個壞主意。就算是最好的人才（以及公司）偶爾也會搞砸事情。請以謙遜和尊嚴作為立足點，開誠布公。

你需要展現出你具備經過幾番磨練的社交技巧：預先做出調整以適應人們可能會有的反應，真心尊重在文化上和你相異的人，諸如此類。換言之，你需要做到**體貼窩心**。

你不需要做到完美！從前瞻性心智模式的制高點來看，我們都

在走一趟**學習之旅**：每個人都在追尋持續改善之道，永遠都是在從事未完成的作品。大家所熟悉的成者為王、敗者為寇的格局典範（很多人都沈溺在其中無法自拔），已經不合時宜。現在是一場全新的溝通賽局，在這裡你可以犯錯、面對錯誤、說明你從中學到什麼以及你如何成長，最後你也能有所成就，而且相對上不必傷痕累累。

身為一位社會型創業家，你的第一要務永遠都是以能激發出信任的方式溝通。少了這一角，無論你的社會使命多明確地融入品牌當中，都無法帶來好處。

確保理念

最初，社會使命是活在社會型創業家的心中。創辦人（或創辦人等）和任務是合而為一的。但，要創立一家社會企業的極重要重點，是要讓這份事業具有獨立的身分認同與存在，不受任何單一或多個個人影響。就像人一樣，從小開始就要追求獨立。因此，社會型創業家要面臨的挑戰，就是要將任務嵌入組織當中，以確保即便創辦人不再捧著理念貼著胸膛，這些理念也能永存。

廣義來說，有三種情況會稀釋或扭曲創辦人最初的社會使命。第一當外部投資人進入事業，而他們保有財務利益的使命和社會使命相衝突，甚至超越後者時。社會使命不見得會讓每一位

投資人都感到血脈債張，願意堅持下去，和事業體同甘共苦。

第二種情況是創辦人決定退出事業或死亡時，或者投資人判定自己必須「退場」時。當做媽的不再緊緊盯著時，她要怎麼確認孩子仍嚴守分際？獨立是有風險的。這是為人父母的痛處，對社會企業來說也一樣[5]。

第三種情況就比較不明顯：當創辦人（等）改變心意時。他們身心俱疲，決定要放棄社會使命；他們自己的精神出了點狀況，於是在某個晴朗的早晨宣告，公司的新社會使命是給世上每個人一頂鋁箔尖帽，以抵擋中情局的死光照射。雖然這個範例有點荒謬，但人性有時確實如此。有時候，我們要保護自己免受自己的傷害。

要開始確保社會使命時，要先處理兩個基本的門檻問題。首先，你願意被社會使命綑綁到多緊密？不見得越緊越好；在這方面，有很多彼此互相競爭的議題需要考量。一方面，社會企業不只是需要愛的志業，更需要熱情。很重要的是，我們要採取行動，以維繫創辦人付出心力確立的社會使命，藉此認同並表彰他們的犧牲奉獻。但同樣重要的是，彈性也是一項企業資產，你不希望無端受到牽制。商業環境不斷變化，很可能會出現必須出於審慎而暫時放棄社會使命的時候。在極端的情況下，拒絕賦予管理階層權力讓他們這麼做，很可能反而對社會使命造成實質損害，因為這會把社會企業的生存置於險境。擔負社會使命

5　如果支持社會使命的創辦人逝世時，仍握有可控制公司的股權，這些股權通常會落入繼承人之手，這些繼承人可能願意傳承社會使命，也可能不願意。因此，我們建議立下明確的遺囑，移轉給一定會遵行社會使命的人。

也可以有某些彈性。我們聽過一個案例，有位富人擁有一個基金會，定期捐贈給由他本人選定的非營利組織。這位慈善家後來過世了，他支持的非營利組織也已經關門大吉。董事會用更好的方法保留了他的使命，選定捐助新的非營利組織，而不是固守舊有的慈善活動。最後，還有公平性的問題。通常和組織有利害關係的不只是創辦人，還有其他所有權人，他們也有資格針對關鍵決策發言。把過去的想法當成緊箍咒，藉此來壓制他們，是否適合？

其次，組織保護的是創辦人還是社會使命？基於創辦人通常都是承擔使命的人，乍看之下，藉由確認創辦人保有組織的控制權來確保使命，合情合理。但，這未必是最明智的行動方針。把太多的權力交給單一個人或群體，會壓低潛在投資人對公司價值的認知。創辦人不見得是擔任永久性領導人角色的最佳人選：創辦人不一定是出色的領導人。就像我們之前提過的，創辦人也可能改變心意。

假設你決定賦予創辦人特別的權力，以保全事業體的社會使命。這不是完美的策略，但通常都還好，而且一般人也剛好常常會要求採用這種做法，因為通常創辦人就是想保全使命的人；要保全使命，還有什麼比鞏固自己的權力更適合的做法？技術上來說，有很多方法可以達成上述目的。創辦人可以擁有或控制某一類特別股：「創辦人股份」，持有公司一半或以上的股權，而且永遠也不稀釋。面對董事會時，他們也可以獲得特別權利，例如有權否決議程或攸關社會使命的決策，比方說年度預算或

出售股份。

創辦人可以保有他們開發出來的智慧財產所有權,藉此保護自我。舉例來說,如果一家事業的品牌是重要業務資產,創辦人可以保留商標的所有權,然後回頭授權給公司。這樣做可保有很多力量:如果董事會轉向,拋下原本的社會使命,不滿的創辦人可以收回商標權,這麼一來,就等於是讓品牌和事業體說再見。

這樣的策略,可以在創辦人離開公司後用來保護社會使命。當費城的傳奇咖啡店白狗咖啡屋(White Dog Café)的創辦人兼長期業主茱蒂・威克斯(Judy Wicks),決定要繼續向前邁進時,隨即出售餐廳,但透過授權的方式移轉品牌名稱[6]。如果新業主違反白狗咖啡屋的核心原則,比方盡可能採購當地生產的食材等等,合約授權她可以要回餐廳的名稱。威克斯精明地認定她的傳承是品牌,而非餐廳本身。授權合約讓她可以確保傳承,以及品牌的完整性。

你也可以把社會使命納入組織當中,明白切割,不要獨厚任何特定個人或人們。普遍的做法是透過股東協議書(或營運協議書),舉例來說,可以在這類文件中要求全部的所有權人要接受並遵循特定的社會使命。

6　茱蒂・威克斯是「更新 21 世紀價值的意義與指標研討會」(Updating the Meaning and Measure of Value for the 21st Century)的專題小組成員(本研討會為 2012 年 9 月 27、28 日於費城華頓學院〔Wharton School〕舉辦之永續性商業新指標大會〔The New Metrics of Sustainable Business Conference〕項目之一)。

另一種選項是把權力賦予第三方個人或組織（通常是非營利機構），由他們擔負起確保社會使命的任務。這可以透過股東協議書（比方說，約定在沒有第三方的明確同意之下，不得轉移股份），或者發行不可稀釋的股份類別，只是現在要把這些股份讓渡給第三方，而不是創辦人。就像授權一樣，社會企業也可以採用這種策略，在創辦人離開後，還能繼續確保公司的社會使命。2005 年創辦的紐曼基金會（Newman's Own Foundation），就是為了確保保羅・紐曼（Paul Newman）捐出所有稅後權利金與利潤給慈善機構的政策：只要這個身為社會企業的基金會存在一日，這項使命就不會消失[7]。

另一種確保社會使命在創辦人離去之後仍能存續的做法，是將其納入主宰事業體移轉的買賣合約當中。

最後，社會使命也可以收入組織型態當中。就像我們之前看到的，公益性公司的地位，要求事業體要主動宣告、完成與溝通其社會責任。這種組織類型也賦予股東和董事訴訟權，當事業體無法創造或追求一般性或特定性公眾利益時，這些人可提起訴訟。但，同樣的，事業體的組織型態也是會變的。

現實是，一方面，創辦人可想而知希望自己的社會使命能永遠流傳下去，而另一方面，企業的現實自然而然會演變，兩者之間會持續出現緊張。我們之前所述的多數做法，無法完全杜絕事業體未來貶低或拋棄社會使命的可能性。經營組織的不是文

7　請見紐曼基金會網站中的「歷史」（History），存取日期為 2011 年 10 月 31 日，網址為 www.newmansownfoundation.org/。

件，而是人，所以，只要得到同意票，人永遠都能重新寫下規則。即便創辦人以特殊的不可稀釋股權掌握公司的多數投票權，也無法永久。創辦人可能選擇離開公司。或者，會有更高等的力量替他們做決定，選定今天便是最恰當的時機，該在極、極惡劣的環境下放棄使命了。

具有法律效力的文件，並非將社會使命嵌入事業體的唯一方法。你也可以從文化及營運面著手。管理階層永遠都可以選擇把事業體的公益目的放入人力、投資與採購政策等等。但，這種做法有一大缺點。雖然這可以在營運面達成有效的協調配合，但無法處理所有權人與董事會層面的策略走向爭議這類更高階的問題。只要高階主管手一揮，一整套的政策手冊就會被棄之如敝屣。

品牌這件事

要確保社會使命，最強而有力的做法，可能是將其嵌入品牌當中。明日鞋業公司（TOMS Shoes）（現已簡稱明日公司〔TOMS〕）是一家社會企業，其特色就是公司每售出一雙鞋，就會送一雙給有需要的孩子。現在這家公司也針對眼鏡產品採取同樣的做法[8]。如果有另一家公司想要買下明日公司、卻沒有對應的政策，可能會購入與想像中不同且價值低得多的公司。

說到底，你能確保社會使命的能力終歸繫於基本的經濟學上。

8　明日公司的網站為 www.toms.com。

如果你想要出售公司，潛在買方會對社會使命設定一個價值。如果使命能強化品牌，價值便是正的。如果無法強化品牌，價值便是負的，因為這種使命會成為別人眼中提高成本、降低營收與策略彈性的因素。結果是：與社會使命變成事業體資產或中立因素的情況相比，你可能必須為了負值的社會使命而被迫低價賤賣公司。

這類因使命／金錢之間的緊張關係而引發的取捨，是許多社會型創業家持續面對的挑戰。因應這類緊張的最佳方式不是設法管理，而是要天衣無縫地將社會使命納入商業模式與品牌之中，藉此消弭緊張。

當社會使命與金錢一致時，反對社會使命的主要理由不見了。身為煞費苦心的經理人（以及對待社會使命像愛小孩一樣的父母），你可能仍希望將使命正式納入企業架構與文件當中。但，這大概都是多此一舉了。你的品牌將會承擔起最重要的任務。

The Art of
Social
Enterprise
Business as if
People Mattered

chapter

5 / 錢很重要

缺錢是所有罪惡的根源。

——馬克·吐溫（Mark Twain）

許多社會型創業家對金錢都很矛盾。他們不太能脫離文化典範的運轉：你可以選擇從心出發為世界服務，或者，你可以選擇累積個人財富。從這個角度來看，財富和服務之間的關係就好比油和水、愛和離婚。

如果你也是這種心態，我們得提一點忠告：請克服它。金錢之於交易，就好比輪子之於運輸。金錢是能量，是達成目的的手段，而且，雖然腐敗與貪婪太常把金錢本身變成目的，但這是對人性的一種評論，而非人類智慧創造出來的結果。我們也不應該

把金融體系墮落這筆帳算到金錢頭上。在這個交易由預設程式處理、幾十億的交易根本隱而不見的時代，金錢的概念已經變得很怪異，而且幾乎難以理解，但，同樣的，這不是金錢的錯，錯的是人。

金錢可以創造機會。人能利用這樣的機會為非作歹：想一想龐大的石油工業，他們撒下數十億美元，要轉移對氣候變遷的論述；或者，也可以樂善好施。泰德‧透納（Ted Turner）贊助 10 億美元，在 1998 年創立了聯合國基金會（United Nations Foundation），但這與比爾‧蓋茲（Bill Gates）在比爾與梅琳達蓋茲基金會（Bill and Melinda Gates Foundation）投入超過 260 億美元相較，又顯得小巫見大巫了。這些大亨以老派方法賺得財富，而在本身富可敵國的條件相助之下，也做出了極大的正面貢獻。

社會企業是一種為世界行善的方法；另一種方法是要變得非常富有，然後做一個好人。不管是哪一種，你都要和金錢培養出正面關係。

飢餓的一群面對的兩難

每一家社會企業都需要資金，以支援營運和成長。標準的做法，是在資本市場籌募資金。這通常需要投入大量時間，還有，對了，還很花錢。這是一道難題：你需要有錢，才能籌到錢。

要向非親非故的一般投資人募資，通常會有兩類相關的成本。第一類和包裝與準備文件有關。每一家社會企業都要有一份營運計畫，通常還要做簡報。他們要很清楚自己想找的是規模多大、什麼類型的投資，以及他們最後會得到多少資金。他們需要決定自己要保留哪些權利，以及要如何確保社會使命。要不要發行特殊的創辦人股權？社會使命要不要寫入股東協議書？事業體的賣點是什麼？如何償付投資人，何時償付？這些問題都需要規劃，也常常需要專業顧問。

一旦備妥文件，你就需要去尋找資金。你可能需要專業的募資人，助你一臂之力實現計畫。專業的募資人很像是一般人熟悉的房地產仲介，他們幫助你鎖定潛在投資人，然後和你合作一起完成交易。他們通常會收取一筆前金，然後在後面募得的資金當中抽成，通常是 2% 至 10%。他們的收費方式以及可接受的後謝抽成比例，由兩個變數決定：募資人對自身價值的鑑定，以及對機會的評估。如果他們沒信心能得到圓滿結果，很可能會多拿一點前金。如果他們相信自己能找到大金主，就比較願意提高自己的風險（以及可能的報酬），接受高比例的後謝抽成。

前端成本，包括要付給募資人的費用，通常為 15,000 美元到 50,000 美元之間。如果你付不起，也不要絕望。你可能很幸運，找到願意只在後端抽佣的人為你提供必要的專業支援。強而有力的社會使命，在這裡就能造成很大的差異。不採傳統籌資管道也有可能成功，確實，資金不足的「飢餓的一群」有時候只

能另闢蹊徑。以下有一份精選列表，列出如何以小額資金來創辦社會企業：

自掏腰包：這是許多飢餓者採用的選項，只不過這是因為他們別無他法。這正是上帝發明信用卡這種東西的理由（或說是惡魔發明的？）。

從收入當中籌資：如果你哪一個月有大筆收入，可以把多餘的錢拿來創業。

親友：你可以向關心你、希望你成功的人們籌資。這裡募得幾千美元、那裡募得幾千美元，就夠你付一、兩個月的帳單，或者得到支持，讓你的企業從掙扎求生躋身成功之列。

群眾集資：像敲門磚網站（Kickstarter）這類的平台，讓創業家可以為特定事業尋找資金。這些是不參與持股的捐贈。通常籌募的金額是 2 萬美元或以下，但偶爾也會出現大數目。有時籌得的數目**真的**很大，就像 2012 年時，客製化數位腕表的開發商鵝卵石公司（Pebble），他們就向超過七萬名支持者募得超過千萬美元[1]。政府最近也頒布了新創企業啟動法案，賦予這些可參與股權的群眾集資活動特定的法律地位。這種方法最適合擁護者人數可觀的社會企業。

---

1 請見敲門磚網站之「鵝卵石：供 iPhone 與安卓系統使用的電子紙表」（Pebble: E-Paper Watch for iPhone and Android），存取日期為 2012 年 10 月 31 日，網址為 www.kickstarter.com/projects/597507018/pebble-e-paper-watch-for-iphone -and-android。

社交媒體：這可以是很有成本效益的管道，供你用來打造品牌，口耳相傳你提供的產品服務；但這也可以是耗費時間與金錢的大坑洞。

血汗股權（sweat equity）：如果你的企業成長潛力高，你或許能說動團隊成員犧牲短期收入以換取未來財富。在世道不好時，你用這種方法招募到技術人才的機會大增，這是經濟衰退的好處之一。血汗股權的重點不一定在於要員工接受廉價的代價，甚至是免費工作，這也是打造出高度合作事業的好方法。比方說，有一位航太顧問在許多國家都有事業伙伴，他給每一個人血汗股份，換取他們承諾僅為他一個人工作。這有助於提升他們的忠誠度，也能帶來競爭優勢。

實習生與志工：這種方式比較弔詭一點，有時候甚至不合法。雖然從定義上來說志工是自願的，但雇主並不因此就免於遵守最低薪資的相關法律。實習生是例外，但適用範圍很狹隘。要能符合公平勞動標準法（Fair Labor Standards Act）指引的規定，實習生就不可以為雇主創造任何經濟利益。有些州的規定還更嚴格。基本上，這代表你無法合法地使用工讀生來降低你的勞動成本。如果你藐視聯邦或州法律（很多創業家都這樣），從技術上來說，你就有遭起訴的風險。何況現在各州正雷厲風行，要落實這些法規，因此你算是在玩火。我們的建議是：遵守法律的規定。

不引進分享股權的投資人也能大大成功的社會型創業家，不是沒有。艾琳・費雪（Eileen Fisher）僅靠著收入和舉債，就創辦了同名的服飾公司。如今這家公司的全球銷量已經超過 3 億美元，也是指標性的社會責任企業。

資本市場，我們來了

雖然我們之前說了這麼多，但，除非你精明能幹或非常幸運，不然的話，你要靠小額資本來成功推動社會企業，可能還是很辛苦。最後你依舊必須敲開通往資本市場的大門。

在美式消費型文化當中，一般人很容易認為市場價格是事先決定、無可協商的。亞馬遜網站（Amazon）便是一個市場，如果你要在這裡買東西，你不會試著和供應商講價。在農產品市場也一樣：如果櫃台後方的人說那顆可愛的紫花菜 1 磅賣 1 美元，那就代表這東西 1 美元只能買 1 磅。

但，「市場」還有另一重定義，而且還早於價格已經事先訂好的工業化世界。市場並不單是買賣商品與服務的地方，更是決定商品與服務價格的地方。這就像是亞馬遜對比電子灣一樣！

資本市場屬於後面這一類。當你進入資本市場，你是走進一個市集，而非本地的超市。所有商品服務的價格都非事先訂定，而是根據不同的個案協商。你達成的任何交易，都出於談判各

方互動的結果，並由各種不同的考量決定，例如各人眼中認為該事業體有多高的價值、各方認為自己相對於其他人握有多大的力量，以及他們各自的目標與價值。這是一場賽局，一場有創意的對話。

這並不代表市場沒有規則。不同的產業通常各有其標準交易方式，多年累積下來，會出現一套通用的工具，讓買賣雙方更容易達成合意。沒錯，你追求的是金錢（若以籌資來說，金錢更是你的目的），但只有在有效地穿過人際間交易的重重羅帳之後，你才能達成目標。

我們的重點是：以交易來說，資本市場的關係導向成分極高。如果你做好準備要守住公平原則，還能端出具有實質價值的內容，而且能藉由透明的溝通和潛在投資人建立起強力的關係，你將能籌得資金。就算是錢，冰冰冷冷的錢，也都和人有關。

講到籌資，創業家通常有兩個基本選項。如果是購買資金，他們就要拿公司的股權來交換可以運用資金的權利。如果是租用資金，他們就要擔負起長期償付債務的責任，通常還要繳付利息。前面一種方法是發行股權，後面一種方法是舉債。

兩種做法各有其優、缺點。若是舉債，創業家短期內就要負擔債務拿出現金，負擔可能過大，導致創業失敗。好處是，舉債無須犧牲控制權。若是發行股權，創業家就無須持續擔負債務影響收益，因為他們不用每個月支付利息。但他們之後要分掉

更多利益，比方說，以股利的形式發放（如果這是交易的部分條件的話），或者在遇上套現機會（liquidity event；這是很時髦的金融用語，意為出售公司）時分配利潤。

如果是利用發行股權籌資，比較可能需要大量的行政管理工作，因為多數投資人都想要密切觀察公司的長期發展。反之，債權人則比較注重短期利益。公司能不能獲利，對他們來說並無利害關係，他們只想拿回自己投資的本金，並加上利息。雖然有第三方的監督對於事業體的發展來說也不是壞事，但會影響營運的自主性，也可能提高使命／金錢之間的緊張程度。

從投資人的觀點來看，舉債的風險較低，因為以償付優先順序來說，債權人排在第一或接近第一。股權是高風險、高報酬的提案。報酬會延後，但很可能高出很多。

另外還有第三種混合型選項：可轉換成股權的債務，或者相反（但很少見）。憑著可轉換債券，如果滿足某些條件的話，債權人有權將借款轉換成股權。這通常是以小博大的做法：如果一家企業一飛沖天，債權人就可以搭上特快車，得到更高的報酬。從實務上來說，這類可轉換債券的利率有時候會調降，以反應對價關係，亦即債權人現在先少拿一點，以交換未來可能出現的更高額報酬。

一般說來，支付貸款的費用要納入損益計算，有盈餘的時候才支付股利（付給所有權人）。但，也不一定完全如此。各方當

事人可以選擇支付給投資人設有報酬上限的所有權權益，再加上從營收中支付一些報酬*。這樣一來，以償付來說，投資人也就有了優先權，同時也因為知道事業體如果賣出，他們也有可能拿回全部資金，而能感到安心（說「可能」，是因為事業體一錢不值的可能性永遠存在）。

說到底，沒有哪一種方法是建構籌資交易的最佳方式。募資活動的細節內容，要能有創意地反映參與者的特定要求，以及他們參與這場締結交易賽局的能力。

所有權人在管理決策上通常比債權人握有更高權重。這很合理：一個人投資金額越大，越可能想要左右重要決策。但是，我們絕不可將慣例和規則混為一談。投票權與所有權雖然通常必然會結合在一起，但這兩者是截然不同的權益。從技術面與法律面來說，並無任何理由禁止賦予債權人投票權。以特定的交易來說，唯一造成限制的因素，就是人們有多少創意：只要合法，而且只要現在已經有相關的機制可以執行想法，參與資本市場交易的各方當事人可以針對任何條件達成協議。

目前也確實已經有很多可用的機制。優先股、折讓、最高報酬上限、選擇權、最優惠待遇、優先購買權與贖回權等等，都是資本市場裡買賣雙方用來達成合意的主要工具：它們之於交易者來說，就好比手術刀之於外科醫師。

---

* 譯註：後面這部分就類似利息。

手握優先股，一位或一類投資人就擁有優於其他投資人的權限。
比方說，如果交易條款規定投資人可以從收入當中收取報酬，有
優先股的個人便有優先權，可以搶在其他投資人之前獲得報酬。
或者，如果考慮投入第一輪投資要承擔較高的風險，因此承諾
給特定投資人相對高的報酬，在風險較低的第二輪投資活動中，
也可以給這位投資人同樣的優惠條件。

折讓是相反的優先權：折讓有利於創業者。一般來說，折讓會在
兩種狀況下使用：達成微妙的平衡以促成交易，以及便於私人
基金會投資公司。私人基金會不可從事投資或有風險的投資（術
語為「危險投資」〔jeopardy investment〕）。它們所做的任何
投資都必須要能促成其社會使命，而且賺錢不能是該項投資的
重要目的。由於通常很難事先確定美國國稅局如何看待特定個
案，而且違反這條規則的罰則很重，所以和慈善方案相關的投
資才會因此出線，成為一種不和稅務機關作對的投資法。慈善
方案相關的投資報酬率通常低於市價，因此可以當成表面證據，
證明基金會的目的是為了達成使命，而非追逐金錢。我們不止
一次看到基金會堅持給予他們支助的社會企業優厚折讓，因為
這樣一來，基金會就可以安心地面對國稅局，而且，這對他們
來說，也剛好是比直接獎助更優的財務交易。

利用最高報酬上限條件，交易各方當事人可以約定限制投資人的
總報酬上限。本書作者弗蘭克爾曾在一家最後功敗垂成的社會
企業多一網路公司任職，公司的投資條件書（term sheet）就要
求，投資人的總報酬上限為投資金額的 15 倍。如果你投資 100

萬，最多可以拿回 1,500 萬。對某些投資人來說，完全無法接受這種條件。比方說，創投業者就希冀能大賺一筆，以便彌補他們多數投資都會失敗的事實。15 倍的報酬還搆不上他們定義的大賺一筆。但，對其他投資人來說，尤其是和事業體的社會使命有利害關係的人，15 倍的投資報酬率絕對不是投資的阻礙。

從創業家的觀點來看，訂定最高報酬上限有兩個目標。他們可以藉此輕鬆（且合法地）讓投資人慢慢退場，同時一併排除投資人可能對社會使命、管理掌控權等等面向強加的挑戰。還有，倘若這樁社會企業大大成功，這代表創業家自己可以留下更高的收益。我們都知道，人心不足蛇吞象。但有時候貪婪也是件好事。

最優惠待遇地位，基本上代表著不管任何投資人在目前或未來幾輪投資中得到哪些優惠條件，某些特定投資人都能得到至少一樣好的條件。這是很強力的提案，因為每個人都樂見自己成為特別的那一個。

賣出和買進選擇權讓投資人在未來某個時點擁有單邊權利。他可以在某個預定的時間以特定價格直接購買（買入選擇權）或出售（賣出選擇權）股票。假設我擁有選擇權可以用每股 5 美元購買股票，而股票市價已經飆漲到每股 20 美元了，那我可以馬上獲利了結賺到利潤；這就好像我經過協商後獲得權利，能在每股 5 美元時以每股 20 美元賣回給創辦人。

優先購買權允許投資人有權先買下公司或其他投資人出脫的股份，之後這些股份才能轉賣給其他人。這讓投資人可避免遭到稀釋，並能擁有一定的影響力，決定哪些人可以成為未來的股東。在多數情況下，如果不只一位投資人想要購買他人出脫的股份，則會以等比例的方式出售給所有想要參與認購的人。

贖回權則允許創辦人有權以事先約定的價格買回投資人的股份，比方說，以原投資金額的某個倍數買回。且讓我們假設，你接受了某些投資人，但你發現他們並不如你所想的那樣契合你的價值觀和社會使命。如果企業運作順暢，你又找到其他有興趣參與、而且和社會使命之間沒這麼矛盾的新投資人，利用贖回權，你就可以在某個時點買回原先投資人的股份。

有一個很重要的門檻問題是，你要募得多少資金？基本答案很簡單：就籌募你需要用到的，一分也別多拿。你需要的資金越少，要放棄的所有權就越少；或者，如果你不發行股份的話，你要擔負的資金成本就越低。這代表，同樣重要的是，你要謹記創業家這類人通常過度樂觀看待自家企業的表現。你可能希望在「現實的極限」建立起事業，能有一些專業的指引那就更理想了。你也可以分階段募資：50 萬美元用來開發突破性的新產品，100 萬美元花在產品上市事宜（當然，前提是假設產品先開發成功）。

你也會希望以你對資本市場的長期預測為脈絡，據此來設計你要募得的資金。如果你認為一次就需要 500 萬美元，這和你長

期所需是 500 萬美元，會用到的策略就大不相同。

當你分開募資時（資本市場的術語叫「分券」〔tranche〕），通常會將優先股與最優惠待遇等條件納入交易當中。

以「現實的極限」來說，如果你想舉債，務必確認你已將資金成本對損益的影響納入財務評估當中。忘記這麼做的創業家人數多到驚人，很可能是因為他們把籌資和營運當成截然不同的兩件事。這可以理解。籌資和營運看起來就像兩件事：你聚焦在籌募資金上，然後才轉向營運，然後再度著眼於籌資。很多創業家犯下這類心理歸類上的錯誤，假設這兩件事不會互相交集，把募得的所有資本（包括舉債）當成「日後要還，但會發生在未來不確定的時點，而且，感謝老天，是在我不需要去管營運的時候」。事實未必如此；當每個月要支付貸款本息的帳單出現時，情況便一清二楚了。

估價的難題

如果你要出售公司的利益，你需要給待售標的物一個價格，回過頭來，這又需要買賣雙方就你的公司蘊藏多少價值達成合意。基本上有三個方法可以評估一家公司的價值（我們非常扼要地簡述如下）：

資產基礎法：這種估價法以公司的帳面價值為起點，尤其

是你加總公司所有資產、再減去所有負債之後得出的數值。
品牌等無形資產也可納入公司資產項目當中。

盈餘與每股盈餘法：這種方法，是計算公司付清所有債務
之後還剩下多少錢。若要做同類型的比較，這種方法通常
會以每股盈餘為基礎。把公司盈餘的金額除以流通在外股
數，就得到每股盈餘的數字。

現金流法：這種估價法是假設，特定期間內扣除所有固
定費用之後的現金流有多少。這也稱為息前稅前折舊與
攤提前盈餘（earnings before interest, taxes, depreciation and
amortization，簡稱 EBITDA）。

對飢餓的一群來說，估價完全就等於投資人止步的標誌。假設
你的年營收有 15 萬美元，盈餘為 1 萬美元。你想要籌募 50 萬
美元的資金，並且保有公司大部分的股權。要達成目標，你需
要說服潛在投資人，公司的價值不只 100 萬美元。以實際的數
值來說，這幾乎是不可能的任務。

說到底，沒有公司的「客觀價值」這回事。沒錯，是有客觀標準，
但這些並非嚴謹科學下的產物，而是人為的基準指標。公司的身
價，等於交易各方都認同的價值，而這是非常主觀的衡量指標。
我們知道的一個案例是，潛在買方問賣方，他的公司要賣多少
錢。賣方提的數字反映他直覺上認為適當的價格。他沒有用任何
比率或其他理由當作後盾。賣方的回答是：「且讓我看看這個

數字在我們的營運計畫下做不做得到。」過一會兒,他回來了,說:「我們做得到。」於是,就此達成了一樁創意右腦激盪出來的交易。

規則是,買方傾向檢視過去的績效,賣方看的則是未來前景。那麼,如果雙方真的有意願的話,在當下的會議室裡,他們會在中間某個地方有交集。

訴訟幽靈

這是每一位社會型創業家的噩夢:不滿意的投資人控告他們與董事會,罪名是未履行信託責任追求最大利益。這種風險有多嚴重,我們又可以做些什麼?

我們要先回答第一個問題。美國文化是一種訴訟文化,總是有可能會冒出一個忿忿不平的所有權人,透過法庭要求賠償。以社會企業來說,這通常是因為他們相信公司犧牲利潤以達成社會使命。但,我們要說明的是另一種對應版本:有影響力的投資人控告公益性公司的董事會未能履行社會使命,雖然出現這種情況的機率比較小,但同樣有可能。訴訟這把利刃可以砍向任何一邊。

企業要擔負追求最大利潤的法律責任,如今已經被奉為圭臬。確認這條信條的是 1919 年的「道奇控告福特」(Dodge v. Ford)

一案，但法律是否正確詮釋了這個案例，也還有一些辯證空間[2]。儘管有前例，幾十年來，這條法律的適用範圍已經大幅放寬。現在美國有超過 30 州有利害關係人條款，允許企業董事在做商業決策時，考量非股東的利害關係人利益。另外也有商業判斷準則可供適用，這條規則規定，除非證明董事公然地以非理性做決策或交易，否則法律責任有限。

此外，你還可以採取幾項行動，進一步降低訴訟成案的風險。你可以慎選投資人。當然，你絕對不知道何時會出現狗急跳牆的情況，但，你仍有權力看贏面下注。方法之一是，謹慎檢視投資人的社會價值觀。如果對方只是為了錢而投資，此時你要承擔的風險，會比你們都以社會使命為核心達成一致時更大；但，不管是哪一邊，都有一些風險。從我們的經驗來說，推動社會企業的人在設法募資時，通常會把焦點放在錢這件事上，而忽略了要針對價值觀進行完整的實地審查。這種疏忽可能在創業這條路上不斷製造出問題來。

你可以把社會使命納入公司文件當中，例如股東協議書。就像我們之前提過的，如果可以證明投資人清楚地知道自己投資的是一家將社會使命列為高優先項目的公司，法院就比較不會理會投資人的抱怨。簡單來說，便是溝通、溝通、再溝通。

你也可以選擇成為公益性公司，但這並不足以給你百毒不侵的防護罩，理由有二：第一，基本上，目前還沒有任何和公益性

2　範例如 Lynn A. Stout, "Why We Should Stop Teaching Dodge v. Ford," *Virginia Law & Business Review* 3, no. 1 (2008), vlbr.net/wp-content/uploads/2011/02/5-Stout.pdf。

公司相關的法例（因此，實際上適用哪些規則還很模糊，而且很不確定）。第二，就像上述提過的，這會使得董事會暴露在遭訴的風險中，被控未適當履行社會使命。

訴訟是風險，並不是因為你可能會輸，光是有可能發生訴訟這一點，就很危險了。一旦被控，你要耗費大量精力、注意力和金錢。你可以投保董事與重要職員責任險，大幅降低這個會造成痛苦的因素。這種險相對平價，會理賠訴訟成本以及任何可能的個人責任。

可能遭到投資人訴訟，是每一位社會型創業家揮之不去的夢魘。許多社會型創業家之所以寧願不要有任何投資人，最大的理由就在於此。在多數情況下，訴訟風險確實存在，但是很微小。伴隨而來的焦慮，通常超過實際的危機。但，將這樣的考慮作為企業策略的組織原則之一，也是一件好事；你絕對不希望這個夢魘成真。好消息是，你可以在事前採取許多行動，來降低這方面的風險。

資本市場提供給社會型創業家的資本會比較少嗎？

許多社會型創業家會認為，背負社會使命讓他們更難以募資，因為多數投資人只對一件事感興趣：追求最大利潤。就我們來看，這是簡化且太過負面的態度。其一，雖然資本市場以老派的思維佔優勢，最關心的是投資的財務報酬，但對於社會型創業家

來說，不見得是壞事。當社會使命以可增添價值的形式納入品牌中，即便是最保守的投資人，也會將社會使命視為加分項。

還有，現在有一小群、但越來越多的投資人主動尋求社會型投資，甚至超越傳統投資項目。就像我們看到的奧米迪雅網絡這樣的機構，就十分積極地尋找社會企業。天使投資人也組成了一個社群，裡面的成員會為他們相信的社會企業帶來優厚條件。當中有些是高財富淨值的個人，他們想要促成正面變革並拿回自己的投資，以便投資其他社會企業。從這裡得到的任何利潤都是好事，但並非必要的加分項。傳統型創業家只能從親友處拿到這種好條件。慈善型投資人很少見，但絕非鄉野傳奇。

當你的事業體營運模式很受質疑時，會支持你的天使投資人很少（坦白說，也很笨）。就算是最浪漫的行善者，基本邏輯也適用：你要說服他們，說你的企業可以在財務上創造適當的投資報酬率。強力的社會使命很難填補不當營運計畫造成的黑洞。

你如何才能吸引這種天使投資人？就像之前提過的，你可以聘用專業募資人，由他們去運作他們的私人關係網絡；或是參加投資人圈的募資競賽；要不然也可以參加由社會型創業網絡等組織舉辦的活動，在這些場合，可供投資人與創業家進行非正式的交誼。

有一個問題，讓投資人對於混合式組織型態很有疑慮。公益性公司的地位會不會導致公司更難取得資金？我們的答案是或許

吧！有一點。對於許多投資人來說，公益性公司的地位本身有一些不確定性，說不清哪些目標才重要，比方說，達成財務使命是否會一直都居於高優先地位。由於不確定性通常被視為風險因素，因此，這會導致投資風險變得更大。結果是：投資人會用更嚴苛的討價還價條件施壓。此外，涉及像公益性公司這類新式組織型態時，需要做更多教育推廣的工作。這也會讓投資人裹足不前。不懂的東西，就不要靠近。

我們的評估是很粗淺的，這是因為公益性公司的相關立法是最近的事，目前還沒有太多實證證據。但，我們的結論也很合乎邏輯。公益性公司條款的最大目的，是要讓其他利害關係人和股東擁有同樣平等的立足點。我們預期，這會引發許多投資人的隱憂。

B型公司認證則是完全不同的組織型態包裝法。公益性公司的地位賦予董事會成員法律責任，在設定優先順序時，相對上社會使命在前、財務投資報酬率在後，因此會導致一般人在認知上認為這類組織型態會提高風險，但B型公司認證則是一種大致上避免法律責任的品牌策略。雖然B型公司認證也會衍生出些許的附帶成本，但是一般認為這是和提高風險無關的可行商業策略。

基本原則是，投資人不會因為你是社會企業而給你任何優惠。你的目標有多崇高並不重要；缺少一份動人的營運計畫，就永遠都過不了創業的門檻。但，如果你能為投資人帶來具有吸引

力的機會，而且這當中有一項可以建立品牌的整合性社會使命，則會顯得更動人，你在資本市場便有了優勢。

反之，如果你的社會使命成為旁人眼中的成本中心與企業負債，你在籌資賽局中就要多承受一些重擔。

因此，在回答「社會企業在資本市場究竟是優勢或劣勢」這個問題時，我們非常中庸的答案是：視情況而定。

分享財富

恭喜你！你已經成功籌得資金、投資在企業當中，而現在，你的利潤正像傾盆大雨一樣落下，或者，像毛毛雨一樣點點滴滴。你要如何處理這些換成金錢符號的成就？

你的答案，要取決於幾個變數。以新手而言，要注意幾個法律限制與要求。如果你是營利事業，你可能和投資人簽有協議，要求你在分配利潤時給予他們優先權。如果你的社會企業是非營利組織，你不可以支付高階主管過高的薪資獎酬。這是一條行之有年的廣泛規則。根據一份國稅局的備忘錄所言，這條規則的用意，是要「預防任何有相關職權的人偷走慈善機構的收入或資產挪為私用」[3]。

3　IRS General Counsel Memorandum 39862, December 2, 1991.

另外也有一些實務上的商業考量。用一部分的利潤來獎勵員工，通常是一個很棒的主意。當你的團隊能透過財務形式分享事業體的成就時，便可以把員工和企業的目標調整到一致，激勵他們好好表現。在古代，稱為「戰士」或者「掠奪者」的先遣部隊會拿到戰利品，比方說戰敗者的土地或家財。這麼說吧，這是他們的紅利。現在我們文明多了，或者說，至少大部分的人都文明多了，我們改用金錢表達感謝之意。

廣義來說，你可用兩種方法來分配收益給團隊成員。你可以提供集體獎勵，設一個紅利池，讓所有員工參與分紅，個人應該得多少份額，由其績效決定。或者，你可以分別針對特定的團隊成員做安排：如果做到的業績超過目標的 20% 的話，就可以分得一定比例的利潤或得到股票選擇權。

最後，你如何分配利潤將會取決於你的價值觀。如果你相信只有老闆有權拿走利潤，那將會指向唯一的結果。如果你的態度比較傾向「我為人人，人人為我」，那你的做法就比較可能是人人有獎。

身為社會型創業家，這個身分是否會改變利潤分配的規則？或許。你可能會受到激勵，把收益再投入社會使命當中；不用說，經營非社會企業、沒有公益使命的創業家，不能挑這個選項。

這個問題的答案，要看你是哪一類社會型創業家而定。如果你是積極的創新者，你可能會選擇揚棄傳統的所有權人與「所有人」

之區別，把公司的股權分給廣泛的利害關係人，例如供應商，甚至是客戶。這很極端，但，嘿！積極的創新者就是會這麼做。如果你是平等主義者，換句話說，在這個由改革推動者組成的社會企業工會裡，你是屬於正牌的「社會主義型事業」這一邊，你可能會覺得有責任提出一套員工股權方案，把股權參與權分給公司的所有員工（而且，是的，「社會主義型事業」是一種矛盾用辭：如果你無法堅定地信仰資本主義，你就不能成為社會型創業家）。

別忘了分配財務獎勵時的稅務問題。激勵性股票選擇權（由董事會贈與經過精挑細選的員工的選擇權）的好處之一，是在股份實際出售之前通常沒有賦稅問題。這對納稅人有利：考慮到國稅局，把今天要支付的遞延到明天，總是比較好[4]。

雖然我們都同意有錢很好，但不一定是獎勵員工的最好方法，也不一定是最具備成本效益的方法。我們認識一位經理人，他是一個部門的總裁，而他所在的產業特質是獎酬很低；由於他有創意地以非金錢的方式獎勵員工，比方說，讓團隊裡的每月明星員工可以使用他專屬的總裁停車位，因而大為成功，並受人愛戴。以社會企業的專家米契爾・派恩斯（Mitchell Pines）的話來說：「小小的感動讓一切大大不同。」[5]

4　股票選擇權受證交會與國稅局規範，激勵性股票選擇權由勞工部憑著 1947 年員工退休收入安全法（Employee Retirement Income Security Act，簡稱 ERISA）授權加以規範。

5　這是派恩斯本人和弗蘭克爾之間私下所說的話。

本章談的是錢，這是有道理的。錢很重要，是最重要的。在此同時，對身為作者的我們，以及身為社會型創業家的你來說，同樣重要的是，不要過度執著於我們看待錢的觀點。請記住，這是達成目標的手段；過度聚焦在鈔票上，會讓我們的焦點偏斜，扭曲我們設定的優先順序。如果心裡明白這件事，再記住以下這一點，將會大有裨益：我們可以重新建構在最後一節提出的問題（社會企業應如何分配利潤？），引伸到其他同樣有用、甚至有過之而無不及的問題：我們應如何對待利害關係人？

說到底，社會企業的重點不在金錢，而在於人。更具體地說，重點在於如何善待人。確實，這是讓社會企業有別於傳統企業的重點。

這也是我們接下來要討論的主題。

The Art of
Social
Enterprise

Business as if
People Mattered

6

社會企業，是人的事業

成功企業找到的魔法方程式，是把客戶當貴賓，把員工當人。

——湯姆‧彼得斯（Tom Peters）

社會企業是否要對「人」擔負起特殊責任？我們大膽地回答這個問題：是，也不是。說明如下：如果把社會企業拿來和跨國企業相比，答案必然為是。就算這些跨國企業並未直接替血汗工廠背書，或者並未涉入類似的剝削行為，且在文化上有經過修飾，還賦予其他政令宣導的口號，但他們在結構上就是偏向錢第一、人第二。如果說對人有什麼特殊責任，那也是次要的。

根據定義，社會企業不一樣。他們對人的權重會和利潤的權重一樣。這正是他們成為「社會型」企業的理由。他們的目標，是要減少這個世界所受的苦，而，受苦的，就是人。

在某個平行的世界裡，給予人和利潤同樣的權重，並非社會企業才要擔負的特別責任，而是所有組織的基本道德責任。但，我們實際上並不住在這裡頭。在商業世界裡，多數人信奉的是如鏡像一般的反向價值觀體系，以人為手段、以金錢為目的，而不是遵循道德（以及仁心慈愛）的指向。我們很難想像，不善待人（不管是出於無心或策略）的組織還能成為社會企業。如果你未能積極且慎重地承諾善待他人，你就不是社會型創業家，你的使命宣言說什麼都沒用。

因此，是的，社會企業確實要擔負善待他人的責任，而且，是的，社會企業與跨國企業的標準相較，也要擔負特殊責任，但，不，社會企業這份「特殊責任」並不比一般事業體要承擔的責任更大。人因身為人這個事實以及其意義而受到善待，是基本人權，人也不應被視為達成其他目的的手段。

當然，在現實中，組織對待人的態度會比我們在書中所說的更加複雜。小型企業主對於自己能夠提供可賺錢、受尊重的工作，並且把員工當成大家庭裡的家人，而感到自豪不已。至於跨國企業，他們不會把「虐待他人」寫在公司的章程上。管理這些事業體的是人，多數時間，多數人都是善待他人的。不管大企業還是小公司，經常都會看到體貼與善意。這些都是人性的一

部分，但不是一般企業正式存在理由的一部分。正因為如此，社會企業才與眾不同。

善待他人是什麼意思？某種程度上，這要由你的個人與文化傾向來決定，也要看你成為哪一種社會型創業家而定。這可能代表男女同工同酬，或是一定要設法聘用弱勢族群。如果你的價值觀包括堅定的平等主義，這便代表要把公司股權分給全體員工。你甚至可能是比較特別的那一類社會型創業家，認為你的一部分天命是要照料團隊的內在生命品質，支持每一位成員的個人成長，並大力分享。

不論細節是什麼，社會型創業家的使命，就是要尊重他人，換言之，不可剝削。或者，以我們一貫的語言來說，是要把人當成目的，而非達成目的的手段。

———————

幸好，善待人們也很符合商業邏輯（不需要把這件事當成重要的最新消息去特別報導；我們都知道，這了無新意）。多年來，對於許多最知名的商業領導人來說，善待員工的可取之處已經成為眾人相信的公理了：

● 當員工相信管理階層把他們當成一個完整的人來關心、而非只是員工時，他們會更有生產力、更滿意、更充實。滿意的員工意味著滿意的客戶，滿意的客戶將會帶來獲

利。——全錄公司（Xerox Corporation）前主席安·麥卡依（Anne M. Mulcahy）[1]

- 每個人的脖子上都掛著一張隱形標語，上面寫著「讓我覺得自己很重要」。和他人合作時，別忘了這句話。——以粉紅凱迪拉克聞名的指標性企業玫琳凱化妝品公司（Mary Kay Cosmetics）創辦人玫琳·凱·艾施（Mary Kay Ash）[2]

- 用正面的態度關心他人，這個簡單的行動和生產力大為相關。——管理大師湯姆·彼得斯[3]

但，實際上，傳統企業未必善待人們。這是社會企業另一個差異點。以社會企業來說，這甚至已經變成定義的一部分。如果不善待人們，就不是一家社會企業。

宛如伙伴

我們都活在階級的世界裡。比方說，在企業界，我們有一般員

---

1 請見經典語錄（BrainyQuote）之「安·麥卡依經典名言」（Anne M. Mulcahy Quotes），存取日期為 2012 年 11 月 4 日，網址為 www.brainyquote.com/quotes/authors/a/anne_m_mulcahy.html。

2 同上，見「玫·琳凱·艾施經典名言」（Mary Kay Ash Quotes），存取日期為 2012 年 10 月 25 日，網址為 www.brainyquote.com/quotes/quotes/m/marykay ash393052.html。

3 請見思存網（ThinkExist.com）名言錄（Quotations）中的「湯姆·彼得斯經典名言」（Tom Peters Quotes），存取日期為 2012 年 10 月 26 日，網址為 thinke xist.com/quotation/the_simple_act_of_paying_positive_attention_to/168176.html。

工、管理階層以及主管等階級之分。即便考慮到政治正確性，這樣的階級劃分仍不可免。這是秩序的一部分。

而現在，為了方便本章論述，先撇開階級這回事。反之，請想想伙伴關係。更具體地說，想一想如何把伙伴關係的心態帶入你和利害關係人之間的往來交流。

「伙伴關係」一詞常有人用，用到快要失去原本意義當中的力量了，但，這是一個很重要的概念，值得花點時間好好解析一下。把利害關係人當成伙伴，到底有什麼重要？說真的，有兩點。這會激發出平等主義的心態，或者說，這會帶來一股平等主義的能量。當人們將彼此視為伙伴，就生出一種無須言喻的假設，認定每個人的地位都是平等的，而且願意合作，朝向共同的目標努力。這是好事，不僅合乎道德，在戰術上也有其益處。就像我們之前看到的，當人們受到尊重時，亦即，受到平等對待時，他們通常會表現得更好。伙伴關係的心態讓每個人都有了力量。

這暗示了我們需要不同的架構。合夥事業的伙伴關係也是一種法律架構；雖然合夥不是我們在本章中所講的伙伴關係，而且就算用比較粗略的角度來說，合夥仍代表雙方都互負義務，這是意義比較不明確的「關係」一詞中沒有的。專業的合夥關係會有開頭、中間和終點。這類合夥關係結構嚴謹，需要主動的管理。

如果你經營的是社會企業，伙伴關係導向尤其重要。軍隊需要

明確的指揮鏈：它仰仗的是階級。職業足球教練不會是平等主義者：遵循由上而下一條鞭法而贏得超級盃的，不在少數。但，社會企業不一樣，而且是天差地別。這是因為，軍隊和職業足球隊肩負的都是單一任務（要贏！），因此把人當成達成目標的工具，但社會型創業家的主要方針之一，就是要把人當成目的，而，達成目標的最好做法，就是懷抱著伙伴關係的心態。

且讓我們趕緊補充一句：你不用無時無刻都在做好人。在《黑手黨的金玉良言》（*The Mafia Manager*）這本非主流的管理指南裡，作者V給了我們以下的建議：「你有時候總是不免要折磨人，甚至得粗暴地對待自己的員工。別擔心員工會因此說你的不是。他們早就說過了。但，一般而言，請表現得和藹可親並給人方便。請盡量努力取悅為你效力的人，盡量少和人為敵。」[4]

做好人、經營良好的伙伴關係，很有策略意義。雖然對你來說，成為令人膽寒的領袖偶爾有可利用之優勢，但正因為這樣的例外，使得上述的規則更顯力量。

伙伴關係原則

伙伴關係如何表現在實務上？且讓我們先從一件事開始說起：伙伴關係是一種**習慣**。身為靈長類，我們天生就能適應階級。

4　《黑手黨的金玉良言》（台北：稻田出版，2001）。

這種誰在上、誰在下的認知，有時會在不適當的時機跳出來，比方說，壓力會導致我們讓位階在下無法反抗的人成為代罪羔羊，或者，另一方面，當旁人擁有我們自己覬覦的東西時也會，例如金錢。

舉例來說，我們很容易就掉進一個陷阱裡，用哀兵姿態去接近投資人。這保證你一定會失敗。當投資人面對混雜了貧窮、嫉妒與操弄等不得體的態度時，沒有什麼比這更會讓他們腳底抹油。在你完全清除系統中這股混雜能量之前，不要去接觸潛在投資人。不要老想著要籌募資金，而要想如何建立關係。設法搭上線，用伙伴關係的心態去接觸他們。

你也希望盡量釐清自己的理解與期待。這是很審慎的目標：從伙伴關係著手，各方當事人越能瞭解彼此，情勢發展就越不容易走偏。理論上來說，所有必要資訊都已納入規範各方當事人關係的文件之中了，像工作說明書、勞動契約、供應商合約等等。遺憾的是，有很多領域理論會和現實相抵觸，這便是其中之一。基本上，文件裡缺少的是明確說明整體的意圖、態度與價值觀，這因素決定了參與交易的各方當事人是什麼樣的人，最後更為他們的關係定調。

簡而言之，文件是見樹不見林。

忽略文件的不足，背後有很扎實的歷史因素。達成交易的標準方法，誕生於邊界高聳、侵略性強的世界觀主導的時代（請見

第三章的討論）。談判磋商被視為有益的做法，因此沒有人努力協調各方當事人，讓各方更高度契合。既然每個人手中都握有籌碼，那又何必費事協調呢？但情況正在改變中。隨著壓低邊界的心智模式出現，我們看到態度開始轉向，人們改用更包容與伙伴關係導向的方法來進行交易。

加州律師琳達・阿瓦瑞絲（Linda Alvarez）發展出一套名為「發掘合意」（Discovering Agreement）的流程，讓各方當事人之間對彼此的理解提升到更高層次，超越達成交易所需的標準。她在自己的網站上闡述道：

> 發掘合意，讓對於舊有敵對式交易模式不再心存幻想的人擁有另一種可行的選項。這種新的架構，最適合已經站在商業典範變動浪頭的社會責任企業，以及因為早已害怕且不信任舊模式而避免簽署法律契約的人。

> 傳統的習慣讓締約的各方當事人互相對立，奠下了互不信任的基礎。發掘合意是一種新典範，在協商當中把共同的願景和價值觀放在最前頭、最重要的位置。藉由強調與調校出彼此的協調，這套流程打下更安全、更值得信任的基礎，可用來建構與執行商業關係。成果是打造出更強健、更可長可久且有樂趣的事業，即便面對歧見與意外改變，也可以承受得住並繼續蓬勃發展。[5]

5　Linda Alvarez, Discovering Agreement, "What Is Discovering Agreement," www.discoveringagreement.com/history-and-philosophy/.

利用這種方法，合約中的各方當事人得以找出並分享自己的願景、使命和價值觀。這些資訊之後可以整合納入規範商業關係的文件當中，不只當成前言，更可作為參考，以化解任何可能出現的歧異。要讓各方當事人同意花費必要的時間分享願景、使命與價值觀，並非易事，但一切的努力都是值得的。「一旦催生出願景、使命與價值觀的相關資料，各方當事人就能建立起實質的關係。」阿瓦瑞絲表示，「他們對彼此的瞭解，是透過其他方法辦不到的。如果失敗了，他們也有可以化解衝突的架構。」

聯合利華（Unilever）耗費長時間收購班恩與傑瑞冰淇淋的故事，對阿瓦瑞絲來說，正好可用來說明事情會如何出錯的案例研究。「根據收購條件，聯合利華承諾尊重創辦人的原始使命、願景與價值觀，」她說，「但市場現實與架構上的偏差開始打亂這一點。雖然聯合利華努力要遵循班恩與傑瑞冰淇淋的原始使命、願景與價值觀，但不保證那些擔負社會責任的做法能持續，情況也開始明顯惡化。」

發掘合意這套流程的宗旨，便是要因應組織架構上的壓力。它透過一套兩步驟的流程達成目的。第一步，是釐清並調校各方當事人個別與共同的願景、使命與價值觀。第二步也是同樣重要的元素，那就是擬出一份條款，明確聲明：如果各方當事人之間出現歧異，或如果環境改變，因此需要重新協商全部或部分交易，他們需要用到這份具有合約效力的願景、使命與價值觀文件，作為協商談判的架構。

阿瓦瑞絲說：

> 出現衝突時，情緒會高漲，人很難記住什麼才是重要的議
> 題。衝突會觸動我們的文化制約，使我們進入戰鬥模式，
> 自認為是一場奮戰中的對立力量，想要主導與控制決策權
> 力。我們聚焦在求勝上，以及保護自己免於遭受「敵人」
> 傷害。透過事先達成合意，如果關係陷入危機，我們會做
> 的第一件事，是一起坐下來檢視願景、使命與價值觀的文
> 件，自我提醒並重新自我導引，轉向真正重要的議題，之
> 後我們就很有機會回想起對我們而言「勝利」到底是什麼
> 意思，而且也能有創意地合作，重新創作願景、使命與價
> 值觀文件，重新調整努力方向，並維繫我們的信念與操守
> 誠信，藉此化解危機。

願景、使命與價值觀，是協商與決策的焦點與架構，是爭議的
化解方法與面對改變時的適性回應，在整個伙伴關係成立期間，
更是指引各方當事人的羅盤。透過這些，可以用更輕鬆且高效
率的方式去修正大方向與小路線。即便處在其他可能觸動對抗
式較量態度與毀壞式負面行動的環境下，願景、使命與價值觀
仍能激發出並肩攜手解決問題的傾向 [6]。

以願景、使命與價值觀為核心來達成更高度的協調，有助於人
們瞭解潛在伙伴長期的契合度。阿瓦瑞絲說了一個故事，她有

6　法律體系看的是契約用語，並將契約解讀為各方當事人用來規範彼此關係的「私
　法」，從這一點來看，使命、願景和價值觀也被編入了法律當中。傳統法律會盡
　力履行交易各方在契約中所述的交易或行動計畫，前提是契約條款中不可要求執
　行非法行動。因此，使命、願景和價值觀不僅是表達善意而已，如果寫得好，可
　以成為契約中可實行的元素。

一位暢銷作家客戶，是一位文學經紀人一直要爭取的對象。作家和經紀人有過一次很棒的對談，之後就決定要和對方合作。然而，當正式契約送達時，內容完全偏向於經紀公司，阿瓦瑞絲提議雙方合作，以任務、願景和價值觀為核心彼此互相理解，經紀人卻以沈默不語相對。最後這樁交易就不了了之了。「經紀公司不回應我們想要根據各自願景、使命與價值觀導引出合意的要求，顯示這家公司基本上缺乏正直誠信。」阿瓦瑞絲說道，「當我們要求經紀公司言出必行時，情況很快就一清二楚，原來經紀公司的盤算是要把作家鎖進對公司有利的長期契約裡。」

搜尋出色經紀人過程的下一站，把阿瓦瑞絲和作家帶進一家樂於發展出願景、使命與價值觀的公司。結果是：雙方進行了一場心靈（還有靈魂）交流的會議。終章是：作家和新任經紀人從此快樂地合作無間。

雖然阿瓦瑞絲的工作範圍著重於非員工的雇用關係，但也沒有理由不能把她的發掘合意流程應用到企業內部。可能成為員工的人，應該要熟悉社會企業的願景、使命與價值觀。一點互惠，就能為雇主帶來益處。

到目前為止，我們找到了兩項伙伴關係的原則：第一，要敏銳地察覺感知權力的動態；第二，要站在高處來看，或者，你喜歡的話，也可以說是別見樹不見林。

第三條原則直接來自第二條：定期檢查。我們在本書中不斷重複，強調要及早釐清價值觀、理念和期待。這是必要但非充分條件。就像選舉投票一樣，你希望及早釐清情勢，而且要經常這麼做。一旦你打造出可用於合作的更高階架構，要立下規矩，定期回頭去檢視，以便確認各方當事人仍彼此相契，或者找出任何方向的變化。如果你能把這些協議寫下來，不用說，一定會讓檢核流程更輕鬆。

第四條、也是最後一條原則是：要支持學習型文化，讓伙伴認為自己是學習型組織中的一員。這對於所有伙伴關係來說都成立，因為隨著關係不斷增長，將會越來越耗費心力。

人不是時空中固定的點。人生路帶我們從生走到死，我們也希望，這條路能帶我們從無知走到智慧。說到底，伙伴關係也就是人們在協調之下展開行動，走過同一段旅程。伙伴關係的能耐，反映的是成員的能耐，因此，說伙伴關係的成敗反映了成員的技能與智慧水準，是很有道理的。

信奉學習型文化的組織，有很多好處。作為後設溝通（meta-communication）＊，學習型文化則昭示了謙虛。這種文化說，沒有人是全知全能的，連大老闆也辦不到；它說，過程當中，每個人都在不斷地學習與成長。而，這裡還有附加好處，就是能促成協調、對話與自我表達。

＊ 譯註：是一種非語文溝通，指人們用空間距離、肢體動作、音調語氣等傳達潛藏於表面下的溝通。

不論是公務上或私領域的關係，伙伴都能協助彼此學習與成長。而你也知道，這並不容易。我們都有點怪癖（好啦！就老實說是缺點吧），這會阻礙自身以及伙伴的發展。在自尊遭受打擊時，很少有人選擇不逃避，比較輕鬆舒服的辦法，是把打擊遠遠隔離在認知之外。

但，我們不會因此就不受攻擊。確實，我們越是想要把挑戰埋起來，它們越可能跳出來糾纏我們。從這方面來說，埋起來的挑戰還真像吸血鬼。而且，就和這些最近在電視螢幕上很活躍的怪物一樣，要消滅它們，最好的方法就是帶進陽光。

我們最鍾愛的其中一個管理問題是，我需要知道什麼，才知道我並不知道？這個問題正是學習型文化的請柬，邀請伙伴與同事把落在陰暗處可能有礙集體任務的資訊都攤開來。

這個問題要能發揮效果，需要遵循一些標準程序。其一，這個問題的用意不在於招致虐待傷害。不必要的攻擊，不在可接受的範圍內。而且，回應要著重感受；只要感受是真實確切的，就沒有爭辯的餘地。所以，當吉兒說「喬，我很擔心你大小事一把抓的管理法會打擊員工的士氣」時，這是一種針對情緒的溝通，也因此，用「我沒有大小事一把抓」來抗議，並沒有用。喬的管理方式可能是巨細靡遺，也可能不是。去判定實際是否真的如此，並非對話的重點。無可爭論（而且息息相關）的是，吉兒相信喬是這樣，而且她擔心團隊的士氣與生產力。也因此，這才是一個應該要處理的議題。

美國前國防部長唐諾‧倫斯斐（Donald Rumsfeld），因為說了「我們知道我們不知道的以及我們不知道我們不知道的」這一串彆腳話而飽受嘲弄。雖然會讓我們被套上捍衛倫斯斐的帽子，但以我們的看法來說，在這件事情上，他其實受到不公平的中傷。這幾句話畫出了一條有用的界線，要我們去注意看看半受控制的世界（我們知道我們不知道的）與不受控制的世界（我們不知道我們不知道的）之間，有何差別。這裡點出了我們的意識認知與無意識的未知領域之間，有著嚴重落差。

雖然比較不明顯，但，「我要知道什麼才知道我不知道」這個問題，也會引出一些藏在自我認知之外（以及自尊防衛機制之外）的秘境的資訊。如果身為社會企業領導者的喬有憤怒管理的問題，可能需要有人告訴他；這件事比他會不會否認更重要。如果喬有著真正謙遜的靈魂，主動鼓勵人們分享會幫助他以及伙伴關係成功的資訊（例如他的憤怒毀掉了團隊的革命情誼），有人敢告訴他而且他也能聽到這些話的機率就會大增。

有風險嗎？有，但值得一試。軟弱的領導者，會避開獲悉從黑暗深處被拖到陽光下的資訊，但強壯的領導者不會。

借用倫斯斐的句型來說：有些東西很容易說清楚，有些東西很難說清楚，有些東西根本說不清楚。「我需要知道什麼才知道我並不知道」這個問題的力量之一，是它可以把我們拉出來，不要捲進大概做不到之事的風暴裡。說到底，這也是唯一消除誤會、澄清事實的方法。

不用說，就算你在打造過程中沒有提出這個問題，也可以孕育出學習型的文化，但這個問題可以幫大忙。

打造強大的團隊

很好，你接受了伙伴關係的心態。現在，請開始打造你的團隊。

和其他諸多任務一樣，打造團隊要從營運規劃流程開始。在規劃過程中，你會想針對每一位重要團隊成員撰寫詳細的工作說明書。這就是你把每一片拼圖拼起來的時候。它可是很重要的第一步。這並不是因為你的規劃將會變成規定：須知隨著環境改變，難免得做一點更新。此事之所以重要，是因為你需要一個基礎來打造事業，而這正是營運規劃流程的用處。

當你該聘用團隊成員時，你要看的是哪些特質？專業理所當然是你的第一優先，你要找的是有表現的績優人才。但，如果找來一群能力超強但各吹各的調的人，則不足以打造團隊。你的第一優先，應該是根據有沒有能力交付成果去聘用人才，這是最首要且最重要的。理想上，能交出成果的人應能和同事齊心合作，同時也對於自己的工作和專業的關係有一定程度的自知自覺。在同事關係與自我瞭解不那麼重要的領域，才聘用偏愛掌聲或至少要達到還不錯程度的高績效人士。

這又導向下一個重點：也就是我們偏愛的所謂「全方位服務契

約」（full service contract）。這並非法律文件，而是一種非正式（但理想上最好明白寫出）的協議，說明事業體期望團隊成員在工作的感性面、理性面與靈性面上有哪些表現。全方位服務契約昭告員工，他們受聘並非僅因為他們能做什麼，更因為他們是什麼樣的人。這是一種很能賦予對方力量的溝通：也就是在對員工說，你沒有把他們當成達成目標的手段（把工作做好，達成你的業績目標，然後滾回家），而是，你猜到了，他們本身便是目的。全方位服務契約說，我們想要你的熱情，我們想要你的創意，我們想要你的性格，我們希望你把讓你這個人最有活力的那些因素每天都帶到工作上來。

全方位服務契約可以納入勞動契約當中，寫成白紙黑字便不會造成任何問題。不論你的溝通方式是什麼，以你想聘用的人才類型來說，大多數人都會將這視為一份禮物。

能和人融洽相處以及情緒上的成熟，都大大有助於培養出那些只可意會、不可言傳的因素，而這些也正是讓團隊一加一大於二的力量。當然，能力也很有用。當你不相信同仁可以有好表現時，就會引發焦慮，焦慮是很嚴重的損害因素。

你也會希望能同時追求一致性與多元性。這看起來可能很矛盾，彷彿是要你把南轅和北轍綁在一起，但其實並不然。你會希望在最高層次以願景、使命和價值觀為核心達成一致，你也希望在這之下的層次有多元性，是個充滿活力、熱情洋溢的極富創意空間。多元性並非只是一套你「應該」施行的符合政治正確

的政策而已，而是強有力的企業資產。沒有什麼能像多元觀點那樣，攪動創意的腦汁，並讓熱情的火焰熊熊燃燒。

你如何定義多元性，取決於你的價值觀和優先順序。多元性可能很狹隘，指的是你要尋找不同戰略與技術導向的人才。或者，它也可能代表更偏向政治正確的路線，在事前主動地設法聘用女性與弱勢族群。這裡並沒有標準答案，卻有對的結果：能打造出以願景、使命和價值觀為核心互相協調一致的團隊，並在其他方面表現出大量的健全且有創意的差異。

以下是打造強大團隊的另一個關鍵：表達欣賞。在第五章中，我們檢視了許多獎勵團隊成員的經濟實惠方法。你也可以用非財務的方法表達感謝，比方說升遷、多給幾天假以及公開表揚。關於這一點，則要配合團隊成員的個人特性。個別問問每一個人，他們最樂於接受哪一種非財務性的獎勵。你或許以為，這樣的戰術不過是勵志作家暢銷書裡激勵人心話語的變化型。

「欣賞」有兩層意義：看到其中的價值，並提升價值。這兩者彼此緊密牽連。如果你表達欣賞，受你重視的人會深表感激，團隊成員的集體士氣也會因此提高。以玫琳凱化妝品公司創辦人玫琳·凱·艾施的名言來說：「我們把員工當成皇室。如果你尊重並服務為你效力的人，他們也會尊重你並為你效力。」[7]

---

7 請見搜尋名言網（Search Quotes）之「玫·琳凱·艾施經典名言」（Mary Kay Ash Quotes），存取日期為 2012 年 10 月 25 日，網址為：www.searchquotes.com/quotation/We_treat_our_people_like_royalty._If_you_honor_and_serve_the_people_who_work_for_you,_they_will_hono/49876/。

打造強大團隊還有另一個關鍵。要記住團隊裡最重要的成員是誰。是你。組織文化是由上而下定義出來的。身為組織領導者，你需要證明你在情緒上很成熟，而且有自知之明。你需要謙恭，並對學習抱持開放態度。你要很能幹，同時不斷地表現你的誠信操守。你需要賦權給其他人，並且成為團隊裡每個人的典範與明師。

沒錯：說到底，重點就在你身上。

發掘合意與全方位服務契約闡述了把人當成最後的目的而非手段是什麼意思。藉由邀請伙伴關係裡的參與者，把彼此的關係帶入一個更高階、更整合的層次，人們就能取得資訊，並尊重其他人的完整性，而不是聚焦在對方可以為你提供哪些服務的狹隘面向。

除非你是聖人，否則每個人都是透過自我中心的眼光來看世界。雖然你的理性很清楚實際情況，但大部分的你「所知」的和初生嬰兒「所知」的很相似，認定世界圍著你打轉。這種態度無可避免，是身為人類的基本、但不知是幸或不幸的面向。這些伙伴關係的原則，刺激你超越這樣的偏見，做到你能力所及的範圍。這表示，即便所有明顯證據都支持相反意見（這是因為，這輩子你的心裡都有個聲音不斷嚷著：「我！我！我」），你也要把利害關係人視為和你一樣，擁有同樣充實、豐盈的人生。

尊重他人不僅是穩健的商業政策而已，也帶我們進入實際的性靈領域。這是我們要努力的，是我們要做到更好的，包括形式面（說對的話，做對的事）以及心理面；心理層面是更難以克服的挑戰。在壓抑自大、自戀的防衛機制這等困難工作上越進步，就越能真正地把人當成目的，而非達成目的的手段。

善待他人並不只是道德上應做的事，也是一個讓我們踏出自我窠臼的機會，一個持續學習的機會。

但我們操之過急了。這是社會禪型事業，是我們在下一部分才要討論的主題。

The Art of
Social
Enterprise
Business as if
People Mattered

人生有三個常數：改變、選擇和原則。

——史蒂芬・柯維（Steven Covey）

到目前為止，我們已經討論過社會型創業家的三大關鍵要素：
理念、資金與人，且讓我們來檢驗這些因素在日常決策的本質
當中如何發揮作用。在本章中有作者布隆伯格為其他四位社會
型創業家提供顧問諮詢的文字稿，他們分別是一位處於早期發
展階段的飢餓者、一位處於晚期發展階段的飢餓者、一位穩健
者和一位改造者。綜合起來，提供了深入的觀點，讓我們透視
社會型創業家面對的各種挑戰，以及布隆伯格採用了什麼方法
協助客戶做出穩健的決策。

律師要扮演兩個角色：顧問及文件起草人。根據布隆伯格的經驗，很少有人是做好起草相關文件的準備工作之後，才走進法律事務所。大部分的人都需要進一步思考，透徹想過他們自己的業務，連穩健的一群也一樣。也因此，當布隆伯格要和客戶建立關係時，總是利用你會在本章中看到的諮詢來開頭。

改造者面對的挑戰尤其嚴峻。回顧法學院的歲月，學校教我們要成為某位教授所謂的：「像律師一樣的異音。」這是一種多數人都能辨識的獨特（雖然不見得能獲得認同）且真正蘊含洞見的聲音。嗯，另外一種聲音叫「像商業人士一樣的異音」。後者涉及的面向如思考獲利、以非線性解決方案化解問題的傾向，以及能找到有競爭優勢的市場缺口與機會。對許多非營利事業的高階主管來說，他們無法自然而然具備這些特質。這並不在他們的專業文化或經驗當中。在這些時候，布隆伯格的角色就不只是業務顧問與文件起草人了，他更成為指引者，協助改造者熟悉新的心智模式。

在本章中，你會看到大量以組織型態為核心的策略規劃，其中很多都和之前提過的社會企業核心問題相連結，如募資以及保有社會使命等等。這也是再一次提醒我們理念的基本重要性，而最後這又回到另一種基本的重要性：心念。為什麼呢？因為理念是感情作用之後得出的心智副產品。當你把內心的渴望轉化成意志傳達出來時，那就是理念。理念，是包覆在決心裡面的渴望。

最終，本章還會提醒你另一件事，這件事是關於社群的重要性。社會企業是艱難的事業，當你自覺孤軍奮鬥時，更是如此。現在社會上已經有一個可觀且快速成長的社群體系，組成分子正是社會企業從業者與生態系統裡的其他重要成員，例如有影響力的投資人以及專家顧問人員。加入這個網絡，能在實務上與情感上得到極大的益處。

早期階段的新創事業──尋找心靈的羅盤

組織名稱：四維藝術中心（Center for 4D Arts）

法律形式：由非營利機構個人秀基金會（Solo Foundation）贊助財務的專案

社會企業的類型：新創事業，屬於飢餓的一群

活動：支持全像藝術工作者與全像藝術（holographic art）

受訪人：琳達・洛（Linda Law）

職務：創辦人

主要問題：彙整出非營利事業使命與營利業務機會，以及這對組織型態而言隱含了哪些意義。

> 先有功能，後有型態。妳的首要工作，就是定義對妳而言成功指的是什麼。

布隆伯格：請以類似《讀者文摘》（*Reader's Digest*）的文體為

我們摘要說明妳的情況。

洛：我們是獲得個人秀基金會贊助財務的專案，因此可以借用他們符合稅法第 501 條 C 項第 3 款的資格。我是兩位創辦董事其中之一。我在三維全像藝術這個領域耕耘很久，同時是藝術家兼策展人，也擔任其他角色；我在這個領域還滿知名的。我們的組織使命，是讓全像藝術家能取用最好的技術；若要自行購買，通常對他們來說價格都太高。我們有一些種子基金，但才剛在起步而已。到目前為止，已經看到一些很正面的反應。我們收到很多各界捐贈的全像術相關設備，也有很多人志願提供協助。我們也在我的家鄉找到一個地方，想要在這裡設置先進的全像術設備。我們的想法是，藝術家可以到那裡去，付費使用這些設備。

我們最近正在考慮是否要繼續以非營利的模式經營下去，當然，整件事要複雜得多了，等一下你就會瞭解。

我有一位好朋友兼潛在的商業伙伴，是全球全像術界的先驅之一。他開發出一套技術，最後可以大量生產全像圖，比方說用在信用卡上。他最近開發出了桌上型的全像圖印表機，並想要憑藉這項技術創業。這個產業可以很大。他正考慮和我合作，同時也和其他人結盟。他已經 78 歲了，雖然身體還很硬朗，但年齡也是我們要考慮的。

另外還有一個議題：拜耳公司（Bayer）生產一種光聚合物，可

以搭配這種印表機使用。我們的選項之一是向拜耳尋求資金，或者去找其他跨國大企業，像惠普（Hewlett-Packard）。

顯然我們要面對很多變數。我心裡想的問題包括我們能不能創辦一家公司，並由這家公司為非營利組織提供資金？非營利組織能不能經營這家公司？這兩種組織型態到底要如何連結起來？在營利事業與非營利組織之間，你要從哪裡畫出界線，又要如何畫？

我們的主要使命，是訓練藝術家，並讓他們可以使用這些技術，但，這裡頭也潛藏著一個極大的商機，我不想白白錯失機會。

布隆伯格：在妳的說明當中，有些事情的投機性比較高，有些還好。在募資方面，就目前的第 501 條 C 項第 3 款非營利組織地位而言，妳的規劃是什麼？這個非營利組織如何以一個經濟實體的身分生存下去？

洛：主要的收入來源，是為藝術家開設的作坊，以及他們使用三維全像術時收取的費用。

布隆伯格：也就是說，你們為他們提供服務。一開始你們為何決定要成為非營利組織？

洛：這是阻力最小的做法。我們已經得到捐贈，而且，由於我的名聲和人脈，也有人把我引見給其他潛在的捐贈人。

布隆伯格：成為第 501 條 C 項第 3 款下的非營利組織或許是很好的方向，這讓妳可以去找人捐贈，而妳應該也知道，只要妳的使命是慈善性與教育性，組織能賺取的收益就沒有上限。

然而，根據妳告訴我的相關資訊，我無法百分之百的確定你們的使命確實是慈善性、教育性。我有種感覺，妳正虎視眈眈看著一項很大商機，這裡有可能讓妳賺大錢的吸引力。聽起來，我覺得妳除了慈善性與教育性使命之外，心裡還籌劃一整套主要目的為賺取營收的活動。我的意思是這樣的：如果妳覺得無法從中賺錢，妳就不會去做這件事。

妳離真的可以賺到這筆錢還有一大段路。還有很多因素需要配合，才能實現這項收益。

洛：我把這個商機列為極優先考量的理由之一，是因為如果我們可以轉化成營利事業，將可加快經營的腳步。我還要考量到朋友的年齡。

布隆伯格：這樣聽來，妳好像打算經營一般企業，同時也要經營非營利組織。這會是兩個不同的機構，但是會有一些合作。妳或許希望的是非營利事業可以獲得其中一部分的利潤，或者以其他方式受惠。

洛：沒錯。

布隆伯格：妳可以應用一些基本策略，以達成這個目標。像是設立一家完全擁有獨立法律地位的企業，捐贈一部分的利潤給非營利組織，或者，把一部分的公司股權分給非營利組織。若是如此，非營利組織不可以主動參與經營企業的活動，但可以有一些合作。妳必須確認非營利組織無論如何都不可以補貼營利事業。必須由營利事業支持非營利組織，而不是反其道而行。

洛：我能不能同時參與經營兩個組織？

布隆伯格：可以，但妳必須注意某些正式規範，並在紀錄與相關事務層面上把兩者分清楚。在類似這樣的情況當中，營利事業與非營利組織可以共用辦公室與員工，但前提是兩者之間的會計帳目要切開來。非營利組織若發生任何實際上應歸於營利事業的費用，都必須由營利事業支付給慈善機構。

洛：假設我們租下看中的那個地點，可不可以劃分那個地方，一部分供營利事業使用，一部分供非營利組織使用？

布隆伯格：可以，前提是要分開處理財務。如果非營利組織要把辦公室租給營利事業，至少要以公平市價交易。妳甚至會希望讓營利事業支付高一點的價格，當作保險，以免國稅局在查核非營利組織的免稅地位時，有任何不利的發現。只要低於市價，慈善機構就會被視為補貼營利事業，很可能失去免稅地位。

洛：這樣對我來說就簡單多了。

布隆伯格：但我要提醒妳一件很重要的事。即便妳在處理帳務的時候，把這兩個組織正式分開，仍免不了讓其他人在認知上認為這兩個機構實際上是一體的。除了獨立的董事會和帳務之外，妳可能也希望在空間上能彼此獨立，因此要各自安排出入口。妳也會希望兩個組織各有各的員工。

洛：我會假設必須讓這兩個實體完全獨立。

布隆伯格：這是常見的誤解。只要稅務機關可以分清楚誰是誰，而且只要慈善機構著重在它的慈善性與教育性使命上，妳就能安全過關。

妳還有另一種選擇：可以讓慈善機構擁有企業。只要讓慈善機構直接擁有營利事業，就會相對直截了當。如果你發現自己需要引進投資人，這樣的做法也可行，但是會比較複雜一些。如果情況是這樣，慈善機構就要負責照料投資人的利益，這可能會和慈善性的使命相衝突。

洛：我比較傾向於採用第一種選項，也就是設立兩個不同的實體。

布隆伯格：我同意。妳的事業會很複雜，可能會有很多參與者，妳不會希望慈善機構再進來攪和。就讓營利事業是營利事業，慈善機構是慈善機構。如果妳的企業成功了，就能賺得利潤或說淨營收，再透過很多種方法挹注給慈善機構。妳或許可以簽

下分享協議，讓慈善機構分享利潤，但在營利事業沒有投票權。或者，營利事業也可以從事慈善捐贈。

這種做法要考量的另一面是，如果妳是和投資人一起創業，他們可能不想對慈善機構擔負任何義務。妳需要謹慎篩選妳的投資人，確定他們和妳的願景一致，用同樣的角度來看待慈善機構和營利事業間的關係。沒有任何機制可以保證妳能辦到這一點。妳可能會發現自己需要接受一些附帶條件的資金。一切都要視情況而定。

洛：就像我之前提過的，拜耳公司開發出一種材質，很有革新潛力。我們或許可以在這一點助他們一臂之力。該如何規劃這件事，你能不能給我一些建議呢？

布隆伯格：我有一位客戶是醫療保健產業方面的非營利組織。他們和一家專門開發供醫師使用的行動技術公司簽約，開始在實地測試應用程式。他們需要把這套系統推銷給幾千位使用者，讓這些使用者每天使用，從中找出程式錯誤。我們的客戶可以找到一大群的實地受試者，因此我們擬出了一份協議，由非營利組織邀請其成員試用營利事業開發出來的產品。董事會做出的結論是，幫助這些人仍屬於他們的使命範疇；但他們要拿非常豐厚的測試報酬，以確保自身的免稅地位。以妳的情況來說，妳的營利事業可以同意測試這項技術。之後，公司可以把工作轉包給非營利組織，也可以自行測試，然後把一部分的收益捐贈給非營利機構。

顯然這裡會有智慧財產所有權的問題。我可以想像，你們可能會開發出和拜耳的產品互補的智慧財產權。

洛：有可能。我的朋友寫過很多專利。

布隆伯格：若是這樣，可以由營利事業擁有智慧財產權，把一部分的收益轉給非營利組織。

洛：會有這一切，是因為我希望我的朋友能為藝術家開發出一套一流的數位全像系統。這可以完全和拜耳開發出來的材料相輔相成。他們有產品，但沒有市場。

布隆伯格：我感受到妳有兩種不同、但互相重疊的興趣。妳希望能服務全像藝術家，也希望能創辦企業。妳可以雙管齊下，這兩者之間也可以有很高的效率，在辦公空間的使用上便是一例。在這樣的環境下，妳必須密切注意兩個議題。第一項是潛在的利益衝突，第二項是中飽私囊的問題：妳不可以利用非營利組織來創造自己的財富。這些都不是無法克服的議題。要處理這兩個議題，一半是考慮實質性，一半要考慮形式面。

洛：現在我是全力衝刺經營慈善機構。我們可以開始透過全像藝術家以及捐贈獲得營收。我之所以想要創辦營利事業，是因為我看的是組織長期的永續經營。我不希望永遠仰賴捐贈。

布隆伯格：這算是太過複雜的議題，我們難以用短短的對話處

理。此時此刻，我只建議妳謹慎規劃由誰擁有哪些所有權。如果妳從事營利事業但用的是慈善機構的人員，還有，如果營利事業使用非營利組織的辦公室，國稅局下的結論會是慈善機構擁有智慧財產權，這樣一來會對營利事業造成問題；營利事業通常希望擁有企業仰賴的智慧財產權。

我建議妳撥出一點時間，審慎嚴謹地看看妳的理念是什麼。妳的心怎麼說？非營利組織的工作是妳的第一要務，還是，妳想要從可營利的機會當中賺錢？這並無對錯，卻是一個很重要的問題。妳的理念將會決定哪一種組織架構才最適合。要回答這個問題有一個方法，妳可以往後看十年。看看那個時候的自己在做什麼？

洛：我和其他全像藝術家一樣，多年來都要費盡心思才能使用這項設備。五年後我希望能從事自己的藝術創作，我看到的是由別人來經營這個非營利組織。

布隆伯格：妳想參與經營企業嗎？

洛：我會創辦，但我不想經營。

布隆伯格：能釐清這一點是好事。現在請清楚記住妳自己的理念，並開始從事謹慎的營運規劃。坐下來，草擬出未來幾年內非營利組織與營利事業會是什麼模樣。請具體而有內容地闡述妳的想法，並注意妳的優先順序。

洛：我們已經針對慈善機構這樣做了。

布隆伯格：也針對營利事業這麼做。請記住，先有功能，後有型態。妳的首要工作，就是定義對妳而言成功指的是什麼。一旦妳決定好了，我的工作就是幫助妳，找出哪一種組織架構最能盡快助妳成功。

洛：你幫了我很大的忙。你不僅釐清了我的思緒，我也瞭解到，以營利事業與非營利組織可能的連動關係來說，當中的空間比我想像的更寬廣。我一直以為這兩者一定要分得很開。知道我們可以同時擁有兩個實體是一件好事，如果我們選擇雙管齊下、可以把兩者納在同一個屋簷下。

你也幫我釐清一件事，讓我知道必須密切注意我的個人抱負與我們發展出來的策略之間的關係。

布隆伯格：沒錯。妳在策略上的優先順序，必須一致地反映出妳最後的目標。這聽起來或許明顯之至，但實際上做起來沒這麼簡單。人很容易就陷入機會帶來的熱情當中，結果走偏了方向。能有這些機會很棒，但妳心裡的羅盤必須一直指對方向。身為一位社會型創業家，妳需要整理好妳的信念並訂出先後順序，然後說到做到，讓最重要的那一條理念指引妳。

和飢餓者的訪談——把馬兒牽到關口做好準備

組織名稱：巴帝斯特尼中風復健中心（The Battistoni Center for
　　　　　Stroke Recovery）

法律形式：有限責任公司

社會企業的類型：屬於晚期階段的飢餓一群

活動：中風復健的教育與支援

受訪人：露易絲・麥肯希（Louise McKenzie）

職務：營運長

主要問題：準備籌資

> 坐下來，和所有團隊成員與投資人釐清三個問題：我必須要
> 擁有的是什麼？為了達成目標，我願意做些什麼？有什麼是
> 我不能放棄的？

布隆伯格：請說明妳的情況。

麥肯希：我是巴帝斯特尼中風復健中心這家社會企業兩位院長
之一。我們是一家有限責任公司，登記地點在北卡羅萊納州。
另一位院長是馬庫斯・巴帝斯特尼（Marcus Battistoni），他是
一位醫學教授，發展出一種創新的方法協助腦部受創的病患康
復。我們目前是一家小企業，年營收有幾十萬美元。我們相信，
我們很有壯大的潛力：在美國，每四十五秒就有一個人中風。
我們擁有一份自認很強大的營運計畫，現在正在規劃籌資。

布隆伯格：你們需要具備哪些條件，才能善用這個機會？

麥肯希：我們擁有突破性的智慧財產，但大部分都在巴帝斯特尼的腦海裡。我們需要利用以雲端為架構的軟體以及線上軟體，將概念「產品化」。巴帝斯特尼的時間和精力都很有限。這麼說吧，我們想要找到免費工作的小精靈。

布隆伯格：主要的企業風險是什麼？

麥肯希：我們主要的風險，是巴帝斯特尼出了什麼事，或是他的智慧財產未獲得妥善保護。

布隆伯格：你們想要籌募多少資金？

麥肯希：我們設定的目標是 30 萬到 50 萬美元。我們相信，可以用 25 萬美元辛苦地創業，額外的數目則是希望能比較保險些。

布隆伯格：這樣可能加得太少了。妳有沒有想過，事情的進展可能比妳預期中需要的時間更長？

麥肯希：我們已經考慮過了。

布隆伯格：那麼，這不算是一筆大錢。募資不是一件輕鬆的事，如果可以的話，妳會希望不用從事多次募資。妳可以把目標訂在 50 萬到 80 萬美元，最低限度為 25 萬美元，在達成門檻之前，

不要動用任何人的資金。這不需要多做什麼，妳也可以設定一輪長期開放的募資活動，時間可長達一年之類的。就我的經驗來說，招募天使資金的前幾輪行動，通常目標都落在 70 萬到 100萬美元之譜。妳或許會考慮提高到這個水準。

麥肯希：有人建議我們少募一點資金，因為我們希望盡量減少必須放棄的股權，如果我們要求的資金太高，可能必須放出太多股權。除非我們的企業內部完全崩壞，不然的話，以後我們能完成的交易條件絕對不會比今天還差。

也有人告訴我，說我們規劃募資架構時可以在第一輪少募一點，這樣我們可以為接下來幾輪創造市場，比方說，為第一輪的投資人提供折扣，讓他們參與第二輪。

布隆伯格：妳在規劃募資架構時，也可以全部或部分以舉債為主，而不是股權。這樣的話，妳就可以避開必須放棄太多公司股權的問題了。

這當中有很多變數是要取決於妳對公司的整體願景。如果妳想成為一家營收 500 萬美元的公司，這是一回事。妳可以從事第一輪的資金籌募，然後以有機成長的方式壯大企業。如果妳想成為一家年營收 5,000 萬或 5 億美元的企業，那又是另一回事了，這會用到完全不同的投資策略，需要給投資人更慷慨的條件。有10% 的機會成為一家年營收 5,000 萬美元的公司，與有 50% 的機會成為年營收 500 萬美元的公司，兩相比較，前者會比較好。

妳的目標是什麼？

麥肯希：我不確定我們已經完全想好這一點。在公司年營收達500萬美元時變現退出，對我來說已經很好了。至於巴帝斯特尼，他是完全使命導向。這是他的熱情。他不會用企業的年營收或個人銀行帳戶的數字去想事情。他的目標，是要讓最多人能夠聽到他的資訊。他會積極帶領公司成長，但不是為了要追求成長，而是為了使命。

布隆伯格：商業決策最後由誰拍板定案？

麥肯希：我們還沒寫好，也沒有針對正式的權力架構達成共識，但這是巴帝斯特尼的事業，其次才能說是我的。他最重要，其他人平等。

布隆伯格：嗯，看來妳已經同意你們想要成為至少年營收500萬美元的企業，那麼，第一輪的籌資目標就應該按照這樣的規劃訂定。

麥肯希：在第一輪募資活動結束後，可能的話，我們寧願提供自己的資金。這樣比較不麻煩。

布隆伯格：在你們到外面募資之前，我認為巴帝斯特尼和妳需要先想清楚幾件事。第一，你們兩個需要對公司有共同的願景。妳的打算是要成為年營收 500 萬美元、5,000 萬美元或 5 億美元

的公司？這是要以理念為核心彼此協調，這一點至為重要。你們也需要釐清決策權力。談這件事會讓人感到很尷尬，如果不考慮實際的話，要在原則上達成共識是很容易的，但就我的經驗而言，這種事最好先弄清楚，免得後來碰到「大家都知道的嘛！」這種麻煩。在關乎使命的商業決策上，擁有最終決定權的是巴帝斯特尼？

麥肯希：以目前來說，是的。

布隆伯格：妳覺得這樣的安排如何？

麥肯希：我的感受很矛盾。巴帝斯特尼有絕佳的商業直覺，但他的身分比較偏向醫學教授，而非商業人士。理想上，最終決策者的角色應該落在完全投入於社會使命的真正商業專家身上。我可能也缺乏擔任此一任務的相關資歷。

我認為巴帝斯特尼有最終決定權，可決定與我們的社會使命相對照之下，哪些是可接受與不可接受的交易條件。他可能不會和某些企業結盟。

布隆伯格：你們是一家有限責任公司。你們有沒有編製營運協議？

麥肯希：沒有詳細說明的版本。

布隆伯格：在你們到外面籌資之前，需要先編製一份。投資人會想知道公司裡是誰拍板定案。出現僵局時，你們會怎麼做？在那個時候，你們可能會希望引進第三方人士，充當非正式的仲裁人。營運協議上都應該要說明這些事項。

妳可能希望重新檢驗在組織型態上有哪些選擇。在有限責任公司裡，所有權永遠是百分之百。新所有權人將會稀釋現有所有權人的股份。股份有限公司和小型股份公司就不一樣了。妳可以擁有核准股份（authorized share；指公司章程中核准的股份），但不發行。這表示妳可以在之後為了籌募新資金而發行，這樣就不會稀釋現有股東的權益。如果妳決定維持有限責任公司，妳需要在營運協議中說明如何稀釋。妳也可以用有限責任公司達成同樣的結果，但會比較複雜一些。

麥肯希：我認為你的意思是，我們需要更具體想清楚，才能去籌募資金。

布隆伯格：完全正確。這是一個很好的範例，說明已經在營運的公司也需要多做點功課，才能到外面去募資。

麥肯希：且讓我暫時扮演唱反調的人。我們有另一位顧問，他很有興趣加入管理團隊。他認為，寬鬆但達成共識的協議就夠好了。他認為去規劃打造永遠不會用到的架構，等於浪費寶貴的時間。

布隆伯格：我從妳的話中聽到的是，你們在重要議題上還沒有完全達成一致。但願你們仍可以繼續向前邁進，而且希望這一點不會變成重大問題。妳這是在賭運氣，也是在玩火。

我的建議是，妳要事先規劃會出錯的地方。把這想成是婚前協議。請記住：妳永遠都可以更改協議；當妳和某個人有歧見時，要照著之前的協議做總是比到那時再來協調容易。至少，如果巴帝斯特尼擁有最後的決策權，妳需要保護自己。我不是以妳私人顧問的身分這麼說，而是從公司顧問的角度出發。公司是一個商業組織，妳會希望確定每一個人都受到公平對待。如果他想要走妳基本上不同意的方向，妳需要某種黃金降落傘（golden parachute）＊，讓妳在離開公司時，不至於覺得苦悶或被利用。更廣義來說，妳需要坐下來，和所有團隊成員與投資人釐清三個問題：我必須要擁有的是什麼？為了達成目標，我願意做些什麼？有什麼是我不能放棄的？妳在回答這些問題時要非常清楚並深思熟慮。所有善意的協調，就從這裡開始。

麥肯希：你能不能說得更具體一點？

布隆伯格：當然好。光知道一位投資人想要賺錢，還不夠。他想賺多少錢？賺錢的時間表呢？或許對方期待的是要達到三十倍的報酬率，但如果他們要提早拿錢退場的話，也可接受低一點的報酬率。這可以催生出一套交易架構，用部分的營收來支付他們的投資報酬，這樣不僅可以提前實現他們的報酬，還可

＊　譯註：指企業高階主管離職時可獲得的豐厚獎酬。

以把報酬的上限訂在投資金額的 12 倍或 15 倍。身為律師，我處理的業務，是要擬出文件以呈現各方當事人的協議。這需要從獲得確實資訊以瞭解人們想要什麼開始。這個起點就是發問。

麥肯希：布隆伯格先生，請容我再問一個問題。我一直在想，我們是不是應該用混合型的組織型態。在這種情況下，巴帝斯特尼先生可以擁有智慧財產權，然後授權給另一家他也握有極大股份的公司。這家獨立的公司負責開發產品、行銷產品等等事宜。這麼做的理由是，這有助於解決權威的議題。巴帝斯特尼先生可以完全控制他的智慧財產，但基本上把商業決策全交到負責行銷企業的商業人士手中，當然，前提是這些人要接受社會使命的約束。

布隆伯格：妳要請投資人投資哪一家公司？

麥肯希：獲得授權的公司。

布隆伯格：我的建議是不要這麼做。投資人想要擁有智慧財產。妳這麼做，是拒絕給予對方他們最重視的價值。還有，只有理由確實很具說服力的時候，妳才會想用到混合型的組織型態。當妳擁有的組織超過一個以上，成本和複雜度也會隨之提高。妳要處理的錯綜複雜會多兩倍。

麥肯希：布隆伯格先生，我從本次會談中學到的是，我和巴帝斯特尼先生要進一步釐清一些基本議題，之後才出去募資。我

們對公司有什麼願景？我們實際上是否有共同的願景？我們也需要確認雙方都明確瞭解決策權威的運作，包括就對使命來說至為重要的議題提出化解僵局的機制。這是第一階段。一旦我們處理好這個方面，才把注意力轉向規劃募資的架構。

布隆伯格：十分正確。妳跟許多社會型創業家的處境相同。現在的情況，就好像妳已經做好準備要參賽了，卻還沒把馬兒牽到閘口。

幫助我穩健地走下去——
迎接投資人的同時也能保留使命

組織名稱：影響力創造者（Impact Makers）

法律形式：營利事業（不發行股票的股份公司）

社會企業的類型：屬於穩健的一群

活動：為醫療保健產業與政府部門提供管理與資訊科技顧問

受訪人：麥可・皮朗（Michael Pirron）

職務：創辦人兼執行長

主要問題：如果要接受投資人，他們要如何保有控制權以延續社會使命

> 你永遠都會希望在設計上保有彈性，你會希望自己能保有最多的選項。

布隆伯格：皮朗先生，請說明貴公司的情況。

皮朗：影響力創造者公司是一家不發行股票股份的營利公司。我們的不尋常之處，在於公司所有的利潤都會捐給董事會篩選出來的非營利伙伴。從技術上來說，我們是以授權方式來做這件事。本公司創立於 2006 年底，以有機成長的方式快速壯大。我們有信用貸款的額度，但從未接受過任何人投資。去年我們的營收達到 320 萬美元，穩穩朝向 2012 年時要達到 500 萬美元的目標邁進。我們現在需要營運資本，正要結束一輪類股票夾層式債券（equity-like mezzanine debt）發行活動，標的大約為 50 萬美元，這正好為我們提供資本。

我們的企業使命，是盡量擴大社區的價值。我們的做法，是把百分之百的利潤全都轉給非營利伙伴。我們也把最多 10% 的時間挪給他們，從事無償慈善服務。現在我們看到公司有可能成長為年營收 5,000 萬美元甚至更大的企業，但我們不確定的是，我們能否在不引進投資人的條件下，以不發行股票的公司來完成這件事。若要大幅擴張規模，我們是否需要接受投資人？我們身為社會企業，這是該做的事嗎？這樣的走向對於我們創造社區價值的能力又會造成哪些影響？

布隆伯格：你為什麼認定擴大規模會危及你們的社會使命？

皮朗：我們最初是以一個創新的概念起家：創辦一家營利事業，透過精選的當地非營利機構，將所有利潤貢獻給社區。現在情

況不同了。有一家類似的公司年營收為 560 萬美元，最近以 1
億美元的價格出售。如果我們能成長到類似的規模，將可為非
營利伙伴創造更高的價值。如果我們把公司賣掉，他們就能大
大受惠。如果我們壯大十倍，轉給非營利伙伴的利潤也能等比
例增加。但，如果我們透過接受投資人來達成目標，代價可能
是得削弱我們唯一的焦點：注重社區價值。

布隆伯格：以社區價值作為唯一的強調重點，有沒有任何商業
價值？

皮朗：有時候我們能因此接觸到高階主管級的潛在客戶。但這
一點對使命來說並不重要。

布隆伯格：這是重點；這意味著你們的業務模式是有選擇的，
至少從實務的觀點來看是如此。

皮朗先生，我認為你現在談的是兩件不同的事。第一，你心裡
有個想法，認定了你的企業「實際上」是什麼：貴公司的核心
身分認同，以利潤轉給非營利伙伴這件事來定義。接下來，你
又談到另一個話題，這實際上和策略有關。變得更大但比較不
純粹是合理的嗎？或者應該維持小規模但很純粹？說到底，你
要問問自己，你對這兩個截然不同的問題各賦予多少權重。你
是否做好準備，要為了實務上的理由完全放棄既有的企業身分
認同概念，還是，你對於影響力創造者這家公司的核心身分認
同感受更強烈，勝過純粹的實務考量？

皮朗：當你用這種方式來表達時，答案就很明顯了。如果我確實期待的是創造社區價值，就應該把身分認同當成一項策略性資產，以更有彈性的眼光來看待它。在此同時，我們絕對不想做的，是犧牲要創造最大社區價值的承諾。這一點無可討論。這也就是說，如果我們堅持用一套實際上會損害實踐使命的策略（即不引進投資人）來達成目標，不太有道理。

布隆伯格：那麼，在理念上，你似乎並無理由反對引進投資人，因此，當你在考慮財務上的成長時，這就是一個值得慎重思考的選項。關於技術上要用哪種方式來達成財務成長的目標，你有任何想法嗎？

皮朗：我傾向設立一家公益性公司，之後把所有權移轉給一家基金會。

布隆伯格：而外部投資人是小股東？

皮朗：是的。

布隆伯格：這種做法也可以，但還是有一些挑戰。外部投資人擁有影響公司經營的權利，這可能會影響重要的企業決策。到最後，你會發現自己陷入困境，不再握有多數控制權。出現這種情況時，你要把所有利潤奉獻給社區的承諾，可能會因為投資人說「我們現在要採取不同的做法」，而屈服在他們的意見之下。你很可能無法避免這種情況發生。

皮朗：從戰術上來說，不是有辦法可以阻止這種事嗎？或許可以走發行優先股的路線，並發放還過得去的股利但不給予投票權？

布隆伯格：是有一些戰術上的選擇，我們會研究某些選項。至於發行優先股這條路，有好有壞。還過得去的股利不像貸款負擔這麼重，但是以管理現金流來說，如果可以不用對投資人擔負持續性的財務義務，會比較好。但如果不付股利，你就要提出有吸引力的償付報酬時程。

皮朗：這代表公司會被人收購之類的，對吧？

布隆伯格：未必。你也可以買下投資人的股份，繼續經營事業。這當中是有中道可行的：你可以把投資人的股份想成是期中股份。有一陣子，紐曼基金會的情況和貴公司很類似。這個組織創立之後，接受了股權投資人。組織過去的訴求一直是要把百分之百的利潤投入志業當中，但這麼一來就不可能了。他們的解決方案，就是發行自溶性股份（self-dissolving share）。利用這個架構，公司承諾了股東投資的報酬上限。公司每一次償付報酬給股東，都算是償付投資金額。這樣的償付方式看起來有點像股利，但其實不然，這是因為技術上來說，股利不會影響股權的所有權。在這裡，看起來像股利的支付安排，實際上是買回股權。假設你承諾要給投資人十倍的投資報酬率。喬投資了 10 萬美元，他等著要賺到 100 萬，而你就用公司的利潤慢慢支付這 100 萬給他；你需要把時間因素加入你的認購協議當中。到最後，你可以用極低的成本取得營運資本，並且回歸理想的定位，再度完

全成為自我命運的主宰。你不用擔心股東把公司的走向拉偏了，遠離你要為社區創造最大價值的核心。

皮朗：如果我們不能買回股權的話怎麼辦？

布隆伯格：那你們就會成為一家發行股票的公司，大部分的股權由基金會掌握，小部分的股權則在投資股東手裡。這也不算太糟糕。

皮朗：我們需要彙整出一套能吸引投資人的配套。

布隆伯格：魔鬼永遠藏在細節裡。你的配套吸引力要夠大，才足以讓投資人願意就位，但又不能太過有吸引力，致使企業負擔過重。有很多情況要視你找的是哪一類投資人而定。和欣賞你的使命、價值觀和你們一致的投資人合作，或許是最好的方法。這類型的投資人也更願意接受有上限的投資報酬率。你理想中的投資人應該是不堅持要求短期報酬的類型，讓你能有彈性盡量延遲買回股份的時間，或者根本不用買回來。有鑑於你們優異的表現和亮麗的前景，我預期你應該能找到這類投資人。

皮朗：我的想法是成立一家公益性公司。維吉尼亞州剛剛通過公益性公司的相關立法，這裡也剛好是我們的營運地點。

布隆伯格：這也行得通。基金會可以握有所有股權。如果有套現機會出售公司，除了股利之外，大部分的金額仍僅會流進基

金會裡。以賦稅義務來說，不會有任何改變。

但有一點要注意：公益性公司的地位可能會讓你們更難吸引到投資人。多數投資人不知道何謂公益性公司。這會引發不確定，不確定會被當成風險。完全利潤導向的投資人會因此卻步。

皮朗：這樣的風險有多高？

布隆伯格：在目前這個時候，我們只能猜測。公益性公司的歷史還不夠悠久，沒有充分的實績可供評鑑。就我個人而言，我猜想公益性公司的地位會讓一家組織更難吸引到投資人，但有些人不認同。

皮朗：我僅考慮用公益性公司的方式進行。

布隆伯格：那就這麼辦吧。以順序來說，你想要轉換成公益性公司，一開始由一家基金會完全擁有。而這就是你們要去接觸潛在投資人的架構。

皮朗：這個方向開啟了很多有趣的可能性，不光是投資而已。利用這套架構，基金會可以擁有價值：它投資影響力創造者公司的價值。我們之後可以此作為擔保進行借貸。我還沒完全決定要捨棄舉債改走股權募資的路線。

布隆伯格：你也可以把股權股份贈與非營利伙伴。用這個方式，

你可以發放股利給他們，藉此取代授權支付款，或者當作額外的款項。非營利機構無需為了這些股利支付稅金，因此，這確實可以提高你為社區創造的價值。

你永遠都會希望在設計上保有彈性，你會希望自己能保有最多的選項。這種方法在這方面的效果很好。

皮朗：我們到目前為止採行的方法，是最純粹的模式，但也限制了我們的成長。為達成社會使命，我希望成為一家 1 億美元的企業、每年支付出 1,500 萬美元，並搭配一家 3 億美元的基金會，就算這樣一來我們得接納不同類別的股東，在管理上也會更複雜，都在所不惜。我的顧慮一直是擔心會因此打開裝滿潛在問題的潘朵拉盒子：換湯不換藥，只是出現的問題不同罷了。

布隆伯格：皮朗先生，現實上，企業本來就是有風險的。如果你走舉債這條路，現金流量的負擔就會加重。如果你走發行股權募資的路，你就可能面對和傳承與控制有關的議題。如果你什麼都不做，就限制了可能的成長。你永遠都無法完全排除風險。你能寄望的最佳結果，就是做出明智選擇，並且聰明地規劃架構，以降低風險。

走出遭冷落角落的改造者

組織名稱：科因諾尼亞基金會（Koinonia Foundation）/ 八大湖
　　　　　基本必需品公司（GR8Lakes Essentials）
法律形式：科因諾尼亞基金會為非營利組織，八大湖基本必需
　　　　　品公司則是營利事業，保證將一定的利潤捐贈給科
　　　　　因諾尼亞基金會
社會企業的類型：非營利機構加營利事業的混合型（改造者）
活動：科因諾尼亞基金會透過在開發中世界創業，致力於為女
　　　性提升教育水準並賦予她們力量。八大湖基本必需
　　　品公司則為經濟金字塔底部的人們開發與經銷產品
受訪人：安德魯・威廉斯（Andrew Williams）
職務：科因諾尼亞基金會會長兼八大湖基本必需品公司總裁
主要問題：取得投資資本以供八大湖基本必需品公司成長

> 如果你擁有一家懷抱良善社會使命的穩健公司，將能吸引認
> 為行善算是投資報酬之一的投資人。

布隆伯格：請你自我介紹並說明貴公司的狀況。

威廉斯：我的父親是一名醫師，他放棄生意興隆的家族事業，
設立科因諾尼亞醫學中心（Koinonia Medical Center），為我故
鄉密西根州慕斯可岡鎮（Muskegon）的窮人，提供低廉、幾乎
免費的醫療照護。在經營科因諾尼亞醫學中心的同時，他也擔

任傳教士和醫療慈善家,服務貧窮國家的人民。這些付出,導引他於 2004 年創辦科因諾尼亞基金會,現在交給我經營。我們開發了一些產品,包括太陽能燈籠與家用型淨水系統,創辦好幾家公司來生產這些產品,後來整合到八大湖基本必需品公司這個新實體之下,把各式各樣的產品銷售給開發中國家經濟金字塔底部的人民。

布隆伯格:是什麼原因促使你來找我商談?

威廉斯:因為你是一位專精社會企業的律師。我們一直都為了生存而拚命,自行解決問題,很少去參考這個領域,也對此不甚瞭解;社會企業有點像是自己冒出頭的新領域。那麼,先讓我來開個頭吧:到底社會企業如何定義?這是一個受認可的領域嗎?它有多大的影響力?

布隆伯格:社會企業目前還沒有任何普遍認同的定義。我和弗蘭克爾在書中提出了一個定義,認為社會企業是以社會型創業家的動機為前提,但這是我們的定義,並非普世價值。在工作上,我代表很多想要利用市場導向策略創造營收的非營利組織,我也代表很多懷抱社會使命的營利企業。

以傳統的法理學來看,非營利組織的董事會將因未把社會使命排在第一位而被告,營利事業的董事會則會因沒有追求最大利潤而遭訴。在這兩者之間有一個中間地帶,最理想的狀況是非純粹的非營利組織、也不是純粹的營利事業。我協助世人打造

混合型架構，讓你可以同時擁有一家企業和一個非營利機構這些混合型組織，可以自行選擇是否要共享管理階層與設施。從規劃和管治上來說，雖然尊重某些形式至為重要，但在經營上可以把這兩者視為單一機構。

威廉斯：你說的恰好是我們的情況。我們正是其中一種混合型組織。

布隆伯格：社會企業會設法獲利，但同時也要實現社會使命。以實際的做法來說，有很多可能性。

威廉斯：我們試著盡量把科因諾尼亞基金會和營利的八大湖基本必需品公司分開，後者是雙重原則導向：它的社會使命和利潤導向同等重要。現在這是一份家族事業，我認識每一位員工。我們想要籌資，以針對我們開發出來的產品擴充產能；這些產品的目標客戶，是經濟金字塔底部的人民。我們主要的顧慮是，如果我們接受外部投資人或從事公開發行，要如何才能保有我們的社會使命？如果我們要這麼做，有沒有什麼樣的架構能完全確保我們的社會使命？

布隆伯格：你可以透過很多做法來保護社會使命，但這個世界處處充滿意外，不能百分之百保證。有一位著名的社會型創業家最近被逐出曾經是他所擁有的公司，因為他倡導的社會使命活動已經超過董事會能容忍的程度。總是會有這種事。

在這方面，法律可能不像你以為的那麼了無新意。雖然法律上要求營利事業要努力追求最大利潤，但董事會實際上擁有滿寬裕的空間。其一，法庭不應從事後來判斷未能創造最大利益的合理商業決策，這是普遍接受的法學原則。再者，美國約有 30 州已經採行利害關係人條款，准許企業的董事會考量除了股權所有者之外的利害關係人所受的衝擊。

你可以在公司內部的文件當中為自己提供一定程度的保障，比方說，肯定地授權董事會去履行社會使命。如果你把這件事寫進股東協議裡，也有很強的效力。但這並不是金鐘罩。如果董事會想做的事能創造絕大的社會影響力，但有很長一段時期可能會賺不到利潤，那該怎麼辦？以這種案例來說，很難說董事會到底該不該受到保護。

你也可以設立一家公益性公司。就算密西根州還沒有相關法律，你還是可以選擇在其他州登記為公益性公司，然後以密西根州為營運總部。這是一種新的企業型態，明確地對董事加諸責任，要他們同樣重視社會使命。目前還沒有公益性公司的相關法例，因此我們並不知道這樣的型態對於許可與禁止的行為有哪些影響。

公益性公司的缺點，是很可能會嚇跑不瞭解這類公司，而且認為這類公司會招致較高風險（或許是合理想法）的投資人。

威廉斯：這剛好說中了我們的情況，因為我們也正想要籌募資

金。我們考慮過政府機構、創投業者以及天使投資人。我的顧慮都和退場機制有關。由於我們的社會使命，我們不允許把控制權交到任何他人手裡。我們必須保有控制權。即便我不在了，還是要確保社會使命仍完好無缺。但如果我提議：「我想要接受你的資金與建議，但我要保有最後的決定權」，我不確定其他人會不會答應。我知道，如果找的是創投業者，這會是一個問題，因為他們就會自動要求要拿 51%。

布隆伯格：我會遠離創投業者。對他們來說，控制權是沒得談的。

你還有其他選擇。現在有一種規模相對小但成長快速的社會資本市場，那裡的人比較能接受你提出的條件，而且他們也不認為做好事和把事做好一定要分開。也有一些投資基金要找的是懷有社會使命的公司，而且他們不需要較優惠的折讓條件；如果社會使命無損營運模式，他們就一丁點的折讓都不要。你應該可以滿足這個條件。

威廉斯：當我們在發展營運計畫時，就已經決定不要去找創投業。

布隆伯格：聽起來，你的問題不在於你個人要保有控制權，而在於不可因追求最大利潤而犧牲社會使命。正如我之前提過的，要達成這個結果，方法之一是去找讚賞組織社會使命的投資人。另外也有其他方法。你可以發行特殊類別的股份，給你相信將會捍衛組織社會使命的人，並要求每一個會對公司造成基本上

變革的決策，都要獲得這些投票人的同意。要這樣做，方法之一是讓科因諾尼亞基金會變成唯一的股份持有人。

還有一種降低風險的做法，是你可以規劃好投資條件，讓你的投資人更早回收投資。他們會偏好這種方法；哪有投資人不希望趕快把錢拿回來呢？對你來說的好處是，當他們拿回投資之後，他們的股份就少了，這代表他們控制決策的力量也隨之減弱。

其他的策略則牽涉到贖回權，這種權利允許你在某個時間點上以特定的價格買回投資人的股份。

我們到目前為止說明了三種策略：第一，找到支持你的投資人；其二，發行特殊類別的股份，以保全你的社會使命；第三，從多種策略中擇一，逐漸淘汰可能造成「危險」的投資人。

威廉斯：那政府的支援呢？我們能不能在聯邦政府的層級得到一些援助？

布隆伯格：不行。政府有一些小企業貸款之類的，但並非專為社會企業而設。我預期幾年後情況會有所改變。目前以在地層級來說，已經有了一些變化。比方說，費城就讓通過 B 型公司認證的組織扣抵稅額。以後會有更多類似的做法，因為明智的政府官員會想要激勵有效因應挑戰的組織，在傳統上，這些本來是政府單位應該要處理的議題。這裡會出現自然而然的結盟。

威廉斯：賦予基金會營利事業的所有權並在董事會佔有一席之地，我對這個想法很感興趣。你認為潛在投資人會有什麼反應？

布隆伯格：這要由投資人決定。原則上，投資人不喜歡放棄控制權。以傳統投資人來說，這種想法更是普遍，因為他們想要保障自己的財務投資。若以社會型投資人來說，重點可能是要確定社會使命不會走偏。

從很多方面來說，我所談的，和傳統企業裡創辦人想要保有控制時會發生的狀況，並無不同之處。有很多方法可以達成目的，比方說毒丸策略（poison pill）*，讓公司的價值在不討喜的潛在收購人眼中變得更無吸引力，

威廉斯：除了毒丸策略之外，還有別的方法嗎？

布隆伯格：你可以透過幾種轉換選擇權把股票轉成債券，限制外部董事的管治權力，也可以要求會對社會使命造成實質影響的關鍵決策，要有創辦人同意。

這裡有個不同的議題。第一，你可以試著把社會使命納入公司的本質裡。你可以想方設法把社會使命變成難以改變，以達目的，但不能完全不可改變。如果你可以把社會使命嵌入公司本質，就一定也可以把它拿出來。其次，你可以試著保有控制權，以保護社會使命。最終這樣做（即保有控制權）會是你最好的

---

* 譯註：公司透過發行證券以降低收購方眼中的公司價值，多半用在對抗惡意收購。

保障，如果你適用利害關係人條款的話，更是如此。

你也會想確認你已對投資人適度地揭露了相關資訊。如果你在投資提案中加入你對社會使命的承諾，投資人就很難回過頭來說：「當時我並未同意這一點。」法庭也會傾向於接受無詐欺之虞的企業股東間私人協議。

同樣的（我知道自己又重複了），你會想要找一些有同情心的投資人。如果你擁有一家懷抱良善社會使命的穩健公司，將能吸引認為行善是投資報酬之一的投資人。我強烈建議你加入社會型創業網絡這類交流平台，你會在這裡找到這種人。你也可以上網找他們，也有一些真人面對面的聚會。

威廉斯：謝謝你，布隆伯格先生。不管以實務指引還是更一般性的方向來說，這些資訊都很有用。以我們目前遭遇的這類問題而言，我們很難找到這方面的專業人士。知道不用自己閉門造車，而且這個世界上也有很多志趣相投的人，真是太好了。我很高興聽到有這麼多人和我一樣瘋狂。

———————————

瘋狂，是的，但也很堅定。

我們就此結束對社會企業機制的討論。但願，現在你已經知道如何憑藉理念、資金與人這三大關鍵要素去運作。但，成功不

完全取決於你做了什麼，也在於你是一個怎麼樣的人。

接下來要討論的是：社會企業的內心賽局。

part

3 / 社會襌型創業家

The Art of
Social
Enterprise
Business as if
People Mattered

情況永遠都一樣：一旦你獲得解放，你就被迫要去問你是誰。

——哲學家暨社會學家尚・布西亞（Jean Baudrillard）

本章要談的，是我們告訴自己的說法；或者，從你的「後設」來說，這是一個關於我們告訴自己的說法的說法。更準確地說，這是關於一件很重要的事：要明白自己不假思索便接受文化傳承下來的論述 vs. 事前主動選擇的說法之間有差異，而此番理解可以幫助我們決定自我價值觀與自我認知。這裡討論的是虛偽認同 vs. 真相認同、接收的信念 vs. 真正的智慧之間的對照，以及這樣的對照對社會企業及領導來說有何意義。

但，最首要的是，就像道教的論點一樣，這個說法裡有兩股恆常互相作用的力量。我們在這裡說的不是大家耳熟能詳的陰與陽，而是「氣」（能量）與「力」（架構）。「氣」永遠以「力」為容器，限於其內；但如果你是原子彈，那就另當別論（我們假設你不是）。就像愛與婚姻之間的關係，無愛便不能成就美滿的婚姻。

在企業發展的較早期階段，比較容易以「氣」為主，也就是能量。之後，隨著企業壯大，架構會變得越來越清晰。「氣」會因此被導引、受限制，有時候甚至變得僵化。所以說，對處於發展早期階段的企業而言，其挑戰是要明智審慎地發展架構（也就是我們所謂的「力」），將脫韁野馬的活力納入其中，至於已經成熟的企業，其挑戰則是要支持架構中的創意能量。

創業家在「氣」方面都是專家，但通常比較不善於處理「力」。正因如此，他們通常在早期環境當中蓬勃發展，到了該鞏固已經攻下的江山時，通常需要引進營運方面的專家。

在西方企業文化（在現代大致是全球商業文化的同義詞）中，對於「氣」和「力」的相對評價，在最近幾十年出現極大的轉變。曾經（這可回溯到網際網路出現之前），高水準的「力」被認為是企業成功的基礎。組織規模越大、越是勤奮，就越有可能成功。從個別高階主管的層次來看，這一點也成立，那是一個「組織人的時代」（而且通常都是組織「男人」！），組織人的主要技能就在於照章行事。

然後情況改變了。長期下來，個人創意（也可以說是原子彈裡的原子）凌駕於架構之上，成為企業成功的原動力。IBM（這家公司號稱藍色巨人〔Big Blue〕，架構制度齊全）對抗蘋果公司時，後者喊出充滿開創性且讓人記憶猶新的口號「不同凡想」（think different）；在這場持久戰中，可看到不同心態之間競爭的極致。我們都知道誰贏了。雖然兩家公司在財務上的表現都很亮眼，但蘋果公司輕而易舉便贏得理念之爭。

基於過去幾年的情勢，再加上他英年早逝，蘋果公司的賈伯斯（Steve Jobs）被很多人神化了。如果你拋開雜音、深入探究，會發現他因為兩個不同的理由而備受推崇：其一，他在面對「力」當道時成為旗手，帶動「氣」的興起，之後，又成為整合「氣」與「力」的大師。賈伯斯是一位具有開創性的思想家，**也是固執**的完美主義者，他是產品藝術家賈伯斯，**也是**讓公司起死回生的意志堅強高階主管賈伯斯。史帝夫・賈伯斯，天生反骨。史帝夫・賈伯斯，整合專家。你想要全盤瞭解嗎？去看看《賈伯斯傳》吧。

就像許多領導者一樣，除了天分和魅力之外，賈伯斯還具有天時地利。在他盛年時，一連串深入的文化與技術轉型導致重要的階級式（而且通常很僵化）架構崩壞，同時也為另一個概念帶來新的生命：不管是獨立運作或是和他人合作，個人都擁有一股被壓抑住的強大力量。柏林圍牆倒下了。網際網路以及後續衍生出來的徒子徒孫出現了，包括開放原始碼運動、群眾外包、社交媒體和直接出版（direct publishing）。革命運動阿拉伯之春（Arab Spring）爆發了。這一切呼應的都是同一條原則：「氣」

壓倒了「力」；在這個時候，「氣」是以創意自我表達的形式出現。結果是，不管是個體面或是從更集體面來說，人變成了（真正的）震撼彈。人們對於架構（新的、形式更扁平的「力」）的需求，只是用來賦予力量。

那麼，從實質上來說，這便是創業家的時代。這是不受束縛的「氣」的時代。但，在這個令人興奮的好消息當中，也存在著矛盾。雖然目前個體自我表達顯然勝過群體服從，創業家卻也正在面對少見的嚴苛政治與經濟阻礙。我們都知道，在某種程度上，資金緊縮到什麼地步，而中產階級也正在消失。比起過去，現在的創業家更需要握有某些秘方，才能有所成就。這為我們帶來了更多好消息：假設社會型創業家已經有技巧地將社會使命嵌入他們的營運策略裡，這也就代表他們握有了差異化因子，其形式便是社會使命。

總之，我們可以說創業的重點就在於「表現」，在於提取出你自己獨特、強力且充滿熱情的部分（也就是說，你獨特的「氣場」），善用這一點為這個世界帶來新鮮、大膽的事物。你必須做你自己：最好、最明智的自我。你要如何去挖掘並應用這個自我？你要如何提供支持，讓自我適當地表現出來？你如何能巧妙地回應真相世界裡必會出現的回饋意見（以及挫折）？這些也就是這個部分的主題。

關於我們使用「社會禪型創業家」這個詞彙的理由，說明如下。禪，既是性靈的演練也是生活的藝術。禪教導人們兩件事：如

何消除錯覺，以及如何和萬事萬物的本體和諧平衡地共存。創辦社會企業也需要類似的技巧，但不需要禪抽象的表象。首先，社會型創業家必須遠離讓他們無法接觸最好、最明智自我的虛假傳承說法，其次，要妥善且明智地把最好的自我帶入這個世界。從這層意義來說，技能高超的社會型創業家，也就是一位社會禪型創業家。

本章的重點放在挑戰的第一部分：消除錯覺。人們會吸收文化所謂的真相，彷彿吸吮母奶一般。不管這些模因成不成立，都變成了我們的基線，是我們視為理所當然的真相，直到我們判定實際上並非如此為止。

當然，在某種程度上，以上的論證顯而易見。我們都知道自己接受了父母傳承下來以及更廣大文化環境中的真相。但有些事可能不這麼明顯，比方說，第一，要從我們接收到的說法裡分離出真正的自我，到底有多困難？文化中的虛幻，就像終極警探布魯斯‧威利（Bruce Willis）一樣，頑固得不得了。

其次，每當主流論述出現時，最後必會有另一套反論述搶佔鋒頭。就像許多社會型創業家一樣，如果你是那種喜歡獨排眾議的人，你很可能會受到另類說法的吸引。然而，不一樣的說法不見得就是明智的或正確的。說到底，我們都需要選擇自己的說法，不要被說法選擇。

要真正精通社會企業（就我們的論述來說，不管什麼都一

樣！），我們需要擁有自由的心靈，才有可能做出最好的選擇。我們從這個說法裡拿一點，從那個說法裡拿一點，組合起來，一直到拼出對我們來說更真實、更深刻的說法，藉此達成目標。最有效、最真實的說法，是整合性的：亦即從現有說法論述中拼湊而成的鮮活真相。

在本章中，我們要討論其中四種說法如何發揮作用，其中兩種是主流，兩種是另類。

和企業相關的主流迷思

企業到底有多「成功」，可視其規模大小及無情程度而定。我們為何知道這條原則？因為我們的文化是這麼說的。

越大越好

從最基本來說，人是哺乳類動物，也是群居動物。天性造成的結果之一是：人類可以很敏感地分辨出誰高誰低，誰主導誰服從。另一個結果是：我們通常假設越大的就代表越有力。體型越大的代表越有力量，越有力量代表沒人能妨礙你拿取食物以及享有其他特權。

在形成文化時，我們也接受了這種出於動物本能的體型規模看法，並投射到多個領域上，包括商業；在商業界，我們第一個

衝動就是以營收規模來論斷一家公司：「營收 1.5 億美元的第七代公司（Seventh Generation）」、「營收 1,240 億美元的美國電話電報公司（AT&T）」。新聞界有這樣的慣例，是有理由的。新聞記者要用最少的字數表達最多的內涵，這樣的公式正好可以提供簡短的快速印象，讓人一眼就看出一家公司在商界強弱順序中的地位。然而，這並不合邏輯。就算是最順應主流的商業人士，也會說利潤是更精準的成功指標，但，社會上用的基本標準卻是營收。這沒有道理；但如果你考量到我們哺乳類動物會用體型規模當成權力與地位的第一衡量標準，就沒那麼不合理了。

基於越大越好的偏見，我們的文化賦予跨國企業菁英地位；跨國企業，是我們這個時代的企業大怪獸。說他們是「公司」，還不如說是「法庭」來得貼切，這些人就好比法國傳奇太陽王路易十四（Louis XIV）時代在凡爾賽宮嬉鬧作樂、引領全球文化的貴族階級的後代翻版。跨國企業是一流的機構，是偉大人類當中最偉大的一群。

每個動作都有力量相同、方向相反的反作用力，在這裡也顯而易見。我們都知道凡爾賽的貴族後來怎麼了；「斷頭」二字有敲響警鐘嗎？在現代的跨國企業菁英身上，我們也看到越來越多和過去相同的群眾激憤。把企業描述成魔鬼、無情的說法，現在正強烈地對抗「企業菁英」模因，後者在過去大企業沒那麼讓人幻滅的時代曾經傲視天下。

同樣的動態，也出現在「在地」核心概念上。小型、在地人擁有而且沒有遠大志向的企業，過去被視為商業中的勞動階級。是很值得尊敬，但相較於在大企業裡密切互動的貴族階級，小企業是地位甚低的工作。「在地」是小聯盟，「全國性」與「全球性」則是大聯盟。

這類的認知也正在快速變化。貼近自家，越來越被視為極重要的解決方案，用來化解全球企業對環境與社會的蹂躪；在對抗邪惡菁英這場硬仗中，在地企業家扮演起步兵部隊的英雄角色。這是一場「越小越好」的反動，對抗長久以來握有文化影響力的「越大越好」模因。

本書兩位作者的立場是什麼？知道我們支持在地企業，反對跨國企業所犯下的錯誤，讀者們應該不會覺得訝異吧。然而，雖然我們不相信越大一定就越好，但也不見得就越壞。要不要變得更大，是選擇。

社會型創業家有很好的理由渴望能擴大規模。要擁有強大的社會影響力，最好的方法就是成為大公司；要擁有更大的影響力，最好的方法就是成為更大的公司。像沃爾瑪（Walmart）這種超大型的公司（2011 年的利潤為 154 億美元），當他們加倍採購當地產品的數量（這是他們在 2010 年底宣布的政策[1]），你可以確定，在地市場動態基本上一夕之間就會出現大變動。

1　Rachel Cernansky, "Walmart's Newest Sustainability Initiative Focuses on Local Produce, Small Farmers," *Treehugger*, Oct 14, 2010, www.treehugger.com/corporate-responsibility/walmarts-newestsustainability-initiative-focuses-on-local-produce-small-farmers.html.

在此同時，不管以行事風格或企圖心來說，中道都是美德。無論名詞曲創作人梅爾・布魯克斯（Mel Brooks）在歌曲裡說到稱王稱帝有多棒，不見得每個人都想登基。我們都是彼此的典範與明師。要如何讓社群心滿意足，還有很多可談的。

在這裡，我們可以借用約翰・藍儂（John Lennon）的歌曲：想像一下，有一個世界，那裡的人不把幸福和財富、權力與地位畫上等號。這樣不是更能讓人求得心靈的平靜嗎？這樣不是就不會有這麼多人一路向上爬時要血濺四處嗎？這樣不就沒這麼多冷酷無情了（我們假設，也會有更多同情仁愛）嗎？

在社會型創業家不追逐規模時——當他們暗示性地宣稱「小也很美，我們擁有的一切，有屋瓦遮頂，有朋友、家人和社群，已然足夠」時——也為這個世間提供了實質的貢獻。

因此，在回答「規模重不重要」這個永遠都會出現的問題時，我們的答案是：絕對很重要。但，你不需要壯大才能為善。說到底，重點在於你是一個怎麼樣的人，以及你如何表現。

> 越大不見得越好，越大不見得越壞，要不要求大是一種選擇。

越無情越好

這種模因，累積出一股強大的動力，成就了一個美好（也不太美好）的世紀。在二十世紀初，有一派名為泰勒主義（Taylorism）的科學管理學派（其名稱來自於創辦人佛德瑞克·泰勒〔Frederick Taylor〕），開始把商業流程變得更有效率。這是一個讓人非常亢奮的概念：將科學方法（定義是透過大量分析推理的結果）應用到本質上在打糊塗仗的「管理人性」業務上，你會得到更明確的比較利益，勝過沿用老方法的人，後者會因為傳統與情面而礙手礙腳。泰勒學派在 1910 年到 1920 年之間有過輝煌歲月，但效率模因自此之後就大致套進了商業世界，也套進了每一個人，從裝配線到槓桿收購（leveraged buyout）都可看見其蹤跡。如果《綠野仙蹤》（*The Wizard of Oz*）裡的錫人是全球各地都有辦事處的跨國企業執行長，他絕對不會悲嘆自己沒有心；他反而會把這一點當成經營事業的必要條件。

把心封閉起來，你在企業界能表現得更好，這個概念出現在商業慣例裡，也出現在文化說法中，次數多到數不盡。

好男人永遠都排最後（nice guys finish last）。1950 年代初期棒球教練李歐·杜羅契（Leo Durocher）說的這句話，一直流傳到今天。這個概念接受了社會達爾文主義的觀點，認為這個世界就是一座叢林，唯有靠著殘暴的弱肉強食，才能生存。這裡面有幾分道理，對於把這個概念聽進「心」裡的人來說，尤其如此。但，事實上這既非自然法則，也非商業法則。正如我們之

前提過的，忠誠利他等等美德，也是強大的演化資產。目前的演化生物學家越來越接受這樣的看法，如果這還不足以說服你，你可以問問海軍陸戰隊弟兄的想法，海陸的信念，就在於團隊合作以及為同袍犧牲。

我們都是機器。當本人（弗蘭克爾）年少青澀時，我的網球打得很好。在某一次全國巡迴賽中的一幕，至今都還讓我記憶猶新。當時我在看一場比賽，其中一名選手是擠進全國青少年排名的球員。他遭遇到比預期中更頑強的抵抗，於是他激勵自己，並喊出這句話：「上吧，機器！」雖然那時候我不知道該怎麼說，但現在我懂了，在這句話裡，蘊藏著的是一世紀的文化適應過程。如果你可以把人性的脆弱放一邊，自動開啟整個流程，就能攻無不克，勝過一切。這句話總結了主流的觀點，亦即一家企業要成功需要有哪些因素，不管你的規模多大都一樣。上吧，機器！

金錢是衡量成功的唯一指標。如果你搭乘時光機回到美國獨立革命的時代，剛好遇見了愛國人士保羅・列維爾（Paul Revere），你問他最快速的交通方式是什麼，他很可能會用眼白瞪著你答道：「當然是騎馬。」這還有什麼好問的？還有別的嗎？多數人對於企業指標也有類似的翻白眼反應。成功當然是以量化的財務指標來定義，比方說營收和利潤！還能有別的嗎？但，數字有一個問題：數字是抽象的，當你踏入抽象領域，心態上就不會有「心」這回事。即便是最殘忍無情的統計數字，比方說，二次世界大戰死了 6,000 萬人，都僅能勾起一抹陰影，比不過我

們剛好在車禍現場看到兩、三具屍體身首異處體驗到的震撼。而，現代的金錢不過是電腦網路的數位紀錄，財務指標和人心的距離更是遠上加遠，變成抽象中的抽象。

企業是在人性舞台上的演出。企業打造了希望也傷透了人心，讓人愉悅也讓人絕望。當我們把企業績效濃縮成數字時，現實世界裡的所有效應也都被抽離了。我們能留下的東西更少了；更精準地說，我們能留下的，是**更無情**的東西。留住的，是抽象事物提供的「不成慰藉的慰藉」，從過往歷史來看，這也讓人越來越能做出冷酷無情之事。

社會使命對企業不好。以金錢是衡量成功的唯一指標作為出發點，一般世俗的看法必然會推論出社會使命是有礙生產力的干擾因素。如果無情比較好，而既然社會使命通常都和人心人情有關，那又怎麼會有用呢？因此，懷抱社會使命就變成一種背叛，也是管理階層無能的象徵：你需要有超級效率才能勝出，你的社會使命是耗費資源的因素。

社會企業的前提，建立在完全相反的提案上：企業要有心。不，企業會因為有心而蓬勃發展。事實上，整個社會企業，呃，或是說整個企業界，都可視為大型的草根運動，證明你也可以藉由把助人當成主要使命而在企業上有所表現，就是這樣，謝謝。如此說來，社會型創業家還要身兼他職。社會型創業等於是一種營造工作：社會型創業家正在提出反動說法。你可以把這想

成是錫人專案：我們要幫企業找到心[2]。

這項工作不是替代性的，而是附加性的，這也是另一種漂亮的說法，說明社會型創業家不是用感性來取代理性，而是去整合兩者。在《綠野仙蹤》裡面，只有當主人翁桃樂西（Dorothy）的盟友錫人、稻草人和膽小的獅子分別找到心、腦子和勇氣時，她才能完成使命（回家）。社會企業也是如此。

無情不會更好。無情是一種對人拉開距離的策略。透過「左尋理性大腦，右找正確使命」，社會型創業家得以結合服務的熱情與理性分析的工作。

關於權力與領導的反動說法

要經營企業有很多適當的方法，要抵抗傳統偏見的大鳴大放也有很多適當的做法。我們怎麼會知道某些事？同樣的，是文化告訴我們的。

想要擁有權力是一大問題

權力；如今，權力可是一個非常強而有力的主題。權力在多數人心裡激起強烈的感受，或者，說得更精準一點，是在人的內在獸性裡起了作用。權力告訴我們誰高誰低，誰能獲得資源，

---

2 並非所有社會企業都是以人為中心，比方說，美國國土安全應用科學基金會就不是。但大部分都是。

誰要俯首稱臣誰逞威風，也提到了「賦予權力」（這是好事）以及「施展權力」（唉唷）。

權力是一個很容易讓人激動的主題，人們也因此花了很多時間去猜測在我之上與在我之下者的負面特質；這也是我們人類管理威脅性情緒的方法。「那 1% 的人是惡魔。」「仰賴社會福利的人不想工作。」和我不同階級的要不是鐵石心腸的怪獸，就是好逸惡勞的怪獸。

我們也會猜測正面特質，把不同階級的人理想化。八卦小報《國家詢問報》（*National Enquirer*）裡到處是半人半神後代的故事：比方說，布萊德‧彼特（Brad Pitt）和安潔莉娜‧裘莉（Angelina Jolie）正是宙斯（Zeus）和赫拉（Hera）在世間的代理人，以人類的形象出現在這個世間。至於那些傾向於把完美投射到在我之下者的人，則生出了勞動階級英雄的神話。

政治人物常用一體適用的一般性架構套進權力與階級。左派的人通常對在上位者開砲，右派的則瞄準在下位者。任由政治人物以及好戰分子去猜想，則推測將會演變成煽動。

主流對於權力的說法，認為權力是適當的，而且，在調解爭端與發揮潛能時，權力甚至是有益的。是的，權力是有規則的：你必須是「文明的」，像性虐待與暴力折磨這種事，就太過分了。而，追逐權力是必要且健康的，更是百分之百人類的天性，但願最好的人勝出。

現在來談談反動說法：想要權力是多數（如果還不是全部的話）邪惡的源頭，因此應該要避免。從歷史的觀點來看，這種說法的前提並無虛幻之處，人類歷史有數不盡的暴力與苦難傳說，主角正是那些試著壓制彼此以求勝成王（很少是為了要成為女王！）的人。

可想而知，想做好事以及其他的理想主義者會受到這種反動說法的吸引。在一個飽受不平等困擾的世界裡，自然而然會渴望一個非常扁平（或至少是比目前更扁平一些）的社會階級，在這裡，去關愛、關懷彼此的渴望勝過主導的渴望，而且也沒有壓制者與被壓制者。這是耶穌的願景（聖經說，溫柔的人必承受地土），而且，嗯，這也是無神論共產主義者的夢想。

如果人們壓制想要獲得權力的想法，這個世界將變成一個更和善、更溫柔的地方，這個概念也反映在所謂「新好男人」的人格特質類型上。壓制權力欲望這股充滿活力、向前邁進的能量，你將能塑造出一種新的後沙文主義男子氣概願景，把邪惡的大獅子變成小綿羊，而且，嘿，這說不定也能吸引有魅力的女性呢！

這兩種說法都錯了。你無法拋開想要權力的念頭，就像你無法抹去性欲或人終將會死的事實。這些都是人之所以為人的一部分。權力很性感，這件事你得去責怪演化吧。

新好男人的世界觀被誤導了，原因如下：想要獲得權力這件事根本不是問題。只有當人病態地施展權力，像是當我要往上爬

時就得把你踩在腳下，這時才會有問題。新好男人的權力導向，並未能解決這個問題，只是製造了新問題。就像性欲一樣，對權力的渴望是無法被壓抑的，只能加以重新導引，而且當你這麼做時，它通常都會以糾結、混沌的方式出現。人們也可能用病態的手法去壓制權力。

在傳統追逐權力之路與成為新好男人的道路之間，有另一條路。這條路的起點，是要先瞭解權力是很複雜的主題，有很多不同的面向。權力陽剛的這一面，是向前邁進、果決武斷的，但權力也有陰柔的一面，亦即滋養安撫、容納接受等。而這兩種也都只是個開端而已。心理學家詹姆士・希爾曼（James Hillman）就找出了二十四種權力[3]。

這也表示，我們要知道，權力最終的重點不是對於他人施加的力量，而是對於自己。權力是我們要花上一輩子的奮戰（可能也是最重要的挑戰），而，權力也很有意思。有多少人能成功地完全克服自己的恐懼、焦慮與想要逃離當下的衝動？最首要也是最重要的，權力並非我們對他人做了什麼，而是我們在自己的內在培育了什麼。

對自我施展的權力有多重面向：

自我瞭解：權力給我們力量，讓我們可以克服和自己有關的不實說法，真正瞭解我是怎麼樣的一個人，而且，是用一點愛來

---

3 希爾曼說，權力能支持我們去做一些事，比方說為了大局以及後代子孫去摧毀已經過時的身分認同，以及去探究個人行動當中隱含的意義。

達成這個目標。表現在自我瞭解上的權力，幫助我們知道何時該硬起來、何時該放軟。在必要時，權力也會給我們力量，讓我們能打不還手、罵不還口。

勇氣：勇氣，不只是你在面對極大危險時能表現勇敢。其他形式的勇氣包括懷抱惻隱之心的勇氣、去愛的勇氣，以及因為我們相信有利於造福人群、必要時採取不受歡迎行動的勇氣。

智慧：在面對人生的挑戰時，包括死亡在內，沒有什麼比鎮靜淡定更強而有力了。或者，在這方面，我們也可以說沒有什麼比鎮靜淡定更能激勵人心了。

協調：武術訓練人們要完全活在當下，教的是協調的藝術，正因如此，武術大師都以擁有真正的力量著稱。

無須多言，權力絕對不僅在人心的內在。權力也有社會面向，而且對於社會也有極大的影響力。可惜的是，新聞媒體上到處充斥著重要人物莫名其妙的行徑。如果這些當事人擁有的機敏等同於影響力，這個世界一定會變成更美好的地方。或者，嘿，如果他們擁有的是智慧，那不是更好嗎？身為社會型創業家，若能和我們想要獲得權力的欲望建立起健全、自在且覺醒的關係，對我們來說最有利，而，接下來，我們就能讓這股權力動起來，以達成我們的使命。

> 權力不是問題，但若以病態形式呈現那又另當別論。權力是
> 能讓人們在世間行善的力量。

你讓路，你領導

在好萊塢電影中大男人主義的推波助瀾之下，文化鼓勵我們把
權力和藍波式的男性氣概聯想在一起。權力代表要擁有堅硬如
鐵的腹肌，掃射壞人時連眼睛都不眨一下。

由於領導的重點就在於施展權力，因此，主流對於權力的說
法，也以類似的男性氣概為重點。你要成為超級強者，才能激
勵他人。想想巴頓將軍以及美式足球教頭文斯‧隆巴迪（Vince
Lombardi）。你強硬，你粗魯，你不接受「不」這個答案。你
是男人，就這樣，沒什麼好說的。

在這裡，也出現了可想而知的反動說法。反動的觀點讚揚的是
較柔軟、溫柔的領導模式，更契合把員工當成創意發電機的新
概念，而非當他們是大輪子裡的小齒輪。這種取向稱為僕人領
導（servant leadership），有一大群領導學的大師都擁抱這種新
的做法，包括詹姆士‧奧特利（James Autry）、肯恩‧布蘭查（Ken
Blanchard）、史蒂芬‧柯維、彼得‧聖吉（Peter Senge）、麥
斯‧帝普雷（Max DePree）以及瑪格莉特‧惠特理（Margaret
Wheatley）。根據這個思想學派的說法，領導者的主要角色並不
在於確定員工聽從命令，而在於賦予他們力量：真正有技巧的

領導者能啟發他人，然後就讓路由其他人自己去發展。他們不會直接丟答案給你，他們會留下空間。與老派的做法相較，僕人領導的模式有更多陰柔面。比較像聖雄甘地（Gandhi），而不是巴頓將軍；比較像溫柔的母親，而不是棒下出孝子的父親。

以一般原則來說，「你讓路，你領導」的模式很有道理，但只有在把這當成大致的指引而非嚴謹的信條時，才能發揮最大效用。每個人都不同。有些人需要你直接丟答案，有些人則靠自己領悟比較好。真正機敏的領導者，會盡其所能從團隊成員身上導引出最大的潛能。通常這代表要賦予成員力量，有時候卻表示你得說：「照我的話做，不然就滾蛋。」最好的領導者不會陷入要採用硬漢作風還是溫柔母親觀點的困境。他們能因時因地制宜，選用陽剛或陰柔的領導模式。

> 最好的領導做法，是採行僕人領導，但有必要時也得硬起來。

車夫與各種說法

性靈方面的導師似乎經常用「馬」來論述這個主題。在《費德魯斯篇》（*Phaedrus*）裡，柏拉圖（Plato）說了一個寓言，有一輛四輪馬車配了兩匹馬，一匹是尊貴的白馬，一匹是不太尊貴的黑馬。車夫想要把馬車駕到飛快，但那匹討厭的黑馬一直

拖慢他的速度。

兩千年後，另一位沒那麼有名、但同樣有影響力的喬治‧葛吉夫
（George Gurdjieff）也說了另一個馬的故事。這個故事裡有一
輛四輪馬車、一匹馬和一位車夫，分別代表身體、心智與情緒。
葛吉夫的解釋是：「以一般人來說，馬車（身體）壞了，亟需
修理，馬兒（心智）在持續的鞭打與不斷的虐待中長大，從來
沒有受過適當的教育，而車夫（情緒）總是醉醺醺，半睡半醒。
相較於馬車有主人，他是裝備的所有權人，乘客卻不斷上上下
下，就是這些『不同的我構成了我們每天的人生』。」[4]

柏拉圖和葛吉夫都在傳達同樣的訊息。人生要能發揮完全的潛
能，需要管好自己的馬匹，並成為車夫的管理者。

我們的觀點也類似，但加上一點後現代的變化型。自然而然，
我們會消化這些說法以及反動說法。在這個後族群世界（post-
tribal world）裡，大量的模因不斷地彼此競爭，這些說法與反動
說法，都是我們身為世界的參與者所得的套裝產品中的一部分。
我們的挑戰是不要成為它們的奴隸，而且更要在內心找到一個
不受情緒羈絆之地，讓我們能明智地選擇要接受哪一種說法（以
及說法的哪一個部分）。在能做到這件事之前，我們都算是坐
在一輛疾馳的馬車裡，任由馬兒載著我們。

在這裡，賈伯斯的故事（或者，更精準的說，是我們對於賈伯

4　Jeff Meyers, "Journey to Essence" (September 2011) Gurdjieffwork.com, www.
gurdjieffwork.com/site/index.asp?page=131762&DL=243.

斯的故事的說法）又再度帶來啟示。就像我們之前看過的，賈伯斯被視為文化的偶像，是因為他以新的路線作為反動，也是自由能量（「氣」）的擁護者，但同時他又是偉大的整合者，尊重架構（「力」）的價值，他在兩方面都獲得的雙重認同，是他能有成就的王牌，也代表他既務實又有遠見。賈伯斯不是藝術家，不是經理人，而是完美地成為一位經理人藝術家，整合了兩種原型，創造出另一種新鮮而偉大的類型。

重點是：他做得到的，我們也都能做到。我們都具有必備的要件，可以做到不忙著體現這種說法或那種說法，全心著重在我們自己的說法上。身為社會型創業家，我們擁有權力（以及機會！）以每一個全新的決策日日夜夜、時時刻刻體現這樣的自主。

這是真正的領導以及我們要如何實現使命的精髓所在。

The Art of
Social
Enterprise
Business as if
People Mattered

隨便你怎麼說十誡，但你一定要回過頭去看一件很美妙的事實，那就是十誡就只有十條。

——門肯（H.L. Mencken）

在前一章中，我們討論了要拾掇藉著文化浪潮打向我們的眾多說法與反動說法，從中彙整出自己真實確切的原則，這種做法能帶來大大的益處。我們要以真實確切和自我表達為出發點。

現在我們要轉向另一條不同的道路，檢視對我們而言，要精於創辦、經營社會企業，需要哪些恆常不變的原則。這些不是絕不可犯的戒律，也不是由你相不相信有用來決定要不要接受。這些原則是誡命，如果你忽略了，後果自負。

當你得知這些原則不是我們從書本上抄錄的，而是自己了悟出來的，應該不會感到訝異。我們藉由一套既是理性分析又符合直覺的流程，從幾十條信念中篩選出來，根據的是以下幾條簡單的規則：獲選的誡命一定要是很基本的原則；社會企業的「外部」和「內部」賽局（分別指策略和心理）要得到大致上相等的關注；我們最後之所以決定要選十條，是因為，嗯，這聽起來很響亮。

在開始討論個別的誡命之前，我們要先釐清幾件事並提出警告，依序說明如下：

- 這些誡命適用於所有創業家。但，在討論時，我們著眼的是社會型創業家常會帶入工作當中的觀點與特殊挑戰。這些是一般性的原則，但有特殊的焦點。

- 我們略去了一些在邏輯上或許應該納入的原則。比方説，「善待人們」最後並未入選，因為這實在太顯而易見了；我們很嚴肅地考量過要納入，理由是不體貼的人太多了。

- 我們在分析這些原則時，「從另一方面來說」偶爾會佔據我們的注意力，因此我們把這些心得寫成專欄。看起來，連誡命也不是絕對的；反正，以我們的來説並不是。

- 有些誡命是基本商業入門課裡的原則變體。我們納入這些原則，是因為很多社會型創業家只管社會使命的熱情，根本忽略了這些原則。

- 許多誡命互有關聯。比方説，「要抱持強烈的策略取向」和「堅持品質」之間就有重疊，後者又和「什麼都可以妥協，但你的氣節操守除外」有關。

那麼，就讓我們來看看這十誡吧！

社會企業十誡

1. 尊重金錢。

2. 要抱持強烈的策略取向。

3. 堅持品質。

4. 堅持極致簡單原則（簡稱「KISS」原則，keep it simple, stupid!）

5. 什麼都可以妥協，但你的氣節操守除外。

6. 人貴自知。

7. 尋找支援。

8. 和你的（冒險）事業培養出健全關係。

9. 照顧好自己。

10. 戰戰兢兢，保持平衡。

十誡之一：尊重金錢

許多社會型創業家是因為社會使命才被吸引到企業界。賺取利潤是次要的，比較像是達成目的的手段，而非目的本身。最後的結果是：他們完全不在乎現金流（以及所有和錢有關的事），大致上認為時間到了就會有錢。這個經常出現而且有時會致命的錯誤，會以三種截然不同的謬誤形式出現：

謬誤：時間到了就會有錢

如果願景讓你心醉魂迷，對於資金何時會進來、又有多少資金會進來這一類的事，你很容易就樂觀過了頭。

神奇空間事業（Amazing Space Enterprises）的創辦人傑森‧史崔特（Jason Street）[1]，希望能打造一個全球永續發展平台。他籌得 50 萬美元作為種子基金，把大部分的錢用來開發一個讓人嘆為觀止的網頁。他很確定，一旦他擁有原型產品之後，錢自然會滾滾而來。可惜並沒有。原型產品很棒，但能吸引投資人的是你如何印證概念，而非美工比賽。資本市場要看到這個網頁可以引來廣告主並且能獲利。史崔特並沒有證明這一點。

謬誤：這不過是一點小錢

當你覺得意氣風發時，很容易浪費。2004 年，有一位朋友給我

---

[1] 是史崔特和兩位作者的私人對話。

（弗蘭克爾）一筆比較偏向下限的六位數美元資金當禮物，我用這筆錢創立了一家社會企業：我們社區網路公司。在這份事業發展的最早期，我花錢很豪爽：不管到後來是得靠著極少資金還是根本就花光所有資金，問題都還遠得很，無論從什麼觀點來看，都和我無關。我快速地在開發標誌與行銷推廣上花掉太多錢。這件事和任何事的重要性是一樣的，因為這很有象徵意義：我們已經破釜沈舟展開行動了，何不一次就把事情做好？在此同時，我輕忽了未來，故意視而不見重要的現實，毫不在乎今天的一點小錢會變成他日的救命錢。

謬誤：這無可避免

多年來，目前為香港永久居民的丁潔絲（Christina Dean）一直擔任口腔外科醫師。之後她轉任新聞界，以這裡為基點，創辦並經營衣適酷（Redress），這是一家企業型的非營利組織，成長迅速，根據其網頁所言，組織的任務是要獻身於創造「一個時裝產業，讓可持續時裝能發展成一種生活態度，而不只是一股熱潮」[2]。丁潔絲說：「我早期浪費很多錢，還自以為那是慣例，是無可避免的。如果我沒有做這樣的假設，就會更仔細地看緊荷包。」

當你在經營社會企業時，對錢千萬不要漫不經心。底線是……損益表上最底下那一行的利潤。

2　衣適酷網站中的「願景」（Vision），存取日期為 2012 年 10 月 15 日，redress. com.hk/。

對比觀點：你可以用更少的資源做更多事

當我（弗蘭克爾）清楚瞭解到我們社區網路公司注定要陷入資金有限的困境時，我決定要嘲弄這件事。生物學家魯波特·謝德瑞克（Rupert Sheldrake）說，每個人都可以做一些小規模、低成本、經過仔細思考的實驗，藉此對科學有所貢獻。你不需要打造出一部強子對撞機（Hadron Collider）才能創造不同的局面，甚至，連半部都不用。你還有其他選項，就是他所謂的「小科學」。我決心試著做一點這種事，如果玩點文字遊戲的話，可戲稱它為「小企業」。如果我可以靠著小額資金成功，就能推翻需要募到大錢才能有所成就的論點，對於各地的創業家來說，這不就是一線曙光嗎？

雖然我們社區網路公司從來未能起飛，但我仍相信這個假說有其價值。是的，你必須尊重金錢。而且，你靠著小額資金也能有很大的成就。其一，我們活在一個雙元經濟的世界裡：成本加價與非成本加價。在成本加價的世界裡，顧問的費用，是他們薪水的三倍或更高。避開中間人（或中間機構）、直接聘用對方，你可以降低三倍甚至更高的成本。

在經濟衰退時候經營企業的正面好處之一是，很多人才都渴求工作，就算你出的價格低於他們的價值，也請得到人。這是一個買方市場。

你也可以聘用境外人士（我們這樣提議，得冒著成為異端邪說的風險）。雖然我們偏好盡可能在本地取得資源，但，說到底，聘用一個並非「來自本地」的人也沒什麼不對。確實，偏好聘用屬於自家社群的人是很值得商榷的做法。全體人類是一個大家庭，不是嗎？就此而言，為什麼為附近的家人提供收入就比讓遠方的親人賺錢（比方說，印度的班加羅爾〔Bangalore〕或羅馬尼亞的布加勒斯特〔Bucharest〕）更有價值？不管你在哪個地方遭遇到這個議題，事實仍是：如果你把搜尋範圍放寬到全球，總是可以找到有能力而且你負擔得起的人才。

十誡之二：要抱持強烈的策略取向

要成為成功的社會型創業家，你必須以策略為導向。當然你是如此。但，為什麼要說**強烈**？為什麼要特別強調？理由如下：懷抱社會使命會讓人覺得焦點放在比較柔軟的面向上，模糊了極重要的冷硬策略分析。感性的心是社會企業中很重要的面向，但感性也會擋路。「要抱持強烈的策略取向」提醒我們，別掉進這個陷阱裡。以社會企業來說，這乃是對抗「愛終能找到出路」此一浪漫概念的解決方案。

在這方面，我們要謹記三個具體的概念。其一，要知道自己屬於哪一個量級，不要越級。在你可以獲勝的級別中競爭。很多

社會企業從羽量級起家。如果你已看清自己的斤兩，請和其他羽量級的對手對打，別和拳王阿里（Muhammad Ali）同台。

神奇空間事業的史崔特，想像他的公司要和其他大公司互相競爭。這是一個很有價值、而且基本上也可以實現的夢想，但無法在一夕之間達成。史崔特以創辦大企業為核心來發展他的策略。如果他能逐步拓展規模，情況會好一點。

根據這條原則，可以推論出另一個結論：不要太急著成功。企業就像植物一樣，需要時間成長。你很可能在尚未成熟時就碰到好機會。

我（弗蘭克爾）幫忙經營的性教育社會事業，可以證明這一點。我們幕前的智囊雪麗‧溫絲頓（Sheri Winston），寫了一本贏得全國性重要寫作大獎的書《女性性欲剖析：通往深埋愉悅的秘密地圖》（*Women's Anatomy of Arousal: Secret Maps to Buried Pleasure*），這項成就更值得一提之處是，此乃一本自行出版的書[3]。每一位作家都夢想能上《歐普拉脫口秀》（*Oprah*）這個節目（或者，在這個節目停播之後，其他分量相當的節目），對作家來說，這就等於是應許之地。

多年來，朋友和書迷一直鼓勵我們，要我們把上節目當成最優先事項。從某個觀點來說，他們的意見很有道理。溫絲頓擁有能大紅大紫的一切必要條件，能登上熱門電視節目更是一大利

3　Sheri Winston, *Women's Anatomy of Arousal: Secret Maps to Buried Pleasure* (Mango Garden Press, 2009). 本書獲得全美性教育人員、顧問人員與治療人員協會（American Association of Sex Educators, Counselors and Therapists）2010 年最佳圖書大獎（Book of the Year Award）。

多。但真的是這樣嗎？我們一向的反應都是：「還不到時候。」
如果在全國性的媒體活動中打響名號，會為這本書創造出極大的
需求。我們需要有很高的庫存量，再加上密集的經銷網，才能因
應這股需求，但這些我們都還沒備齊。總有一天會是時候。後來
溫絲頓去上了《艾倫脫口秀》（*The Ellen DeGeneres Show*），
因為我們準備好了。

其次，你要小心各種獎項。不是說這會讓你墮入煉獄飽受折磨，
而是這當中有很多誘惑。或者，如果你想的話，也可以說成是
有很多機會。當機會來臨時，你需要自問一個最重要的問題：「這
是會讓我分心的事，還是能讓我進一步推動使命？」

答案不見得必然顯而易見，也不一定是因為正、反面理由的權
重差不多。深入挖掘後，你可能會發現自己並不是那麼清楚使
命到底是什麼。還記得小布希總統（G.W. Bush）在美國林肯號
（Abraham Lincoln）軍艦上草率發表的演說嗎？背後還掛了一
幅寫著「達成使命」（Mission Accomplished）的橫幅標語。這
是任務模糊不清的典型例證*。儘管不那麼明顯，但你也可能步
上他的後塵。

珍奈爾・瑪布羅（Jenelle Malbrough）是第一世界垃圾公司（First
World Trash）的創辦人兼主管，這是一家以紐約為總部的社會
型新創事業，把紐約市垃圾裡的廢棄乙烯基廣告看板變成郵差
包和筆記型電腦外殼。2011 年，當地政府官員考慮，要給這家

---

* 譯註：當時為 2003 年 5 月。2003 年 3 月美伊開戰，當 5 月小布希總統即在
　林肯號上宣布停戰，宣稱達成使命。但事實上要等到歐巴馬總統上任後，才於
　2009 年正式宣布撤軍，至 2011 年底美方才簽署正式文件，結束戰爭。

公司更多的廢棄乙烯基廣告看板。還好他們最後並未這麼做；如果他們做了，公司就會多出很多乙烯基廢棄物，超過她的處理能力。

面對這類最終變成假設性的情境，當時正確的選擇是什麼？曾和瑪布羅合作的企業輔導教練洛伯・勒德爾（Rob Lederer）[4]認為，要視她如何定義自己的使命而定。如果她的使命是要把廢棄乙烯基運至他處，就有道理拋下原來的業務模式，投入另一種截然不同的業務，處理這些堆積如山的廢棄材料。如果走的是這條路，她可能需要建立一條通向非洲的管道；在非洲，人民把乙烯基當作屋頂的原料。但如果她的使命異於上述，而是要打造成功的社會企業，把廢棄乙烯基轉化成產品，那麼，比較符合使命的選擇，就是拒絕這些官員的提案。

你的使命究竟是達成特定的社會目標，抑或是創立一家可以支持社會目標的事業？這是很重要的差異，多數社會型創業家在某個時候都必須釐清。如果是後者（通常都是後者，但如果你想做的是投入不斷創新營運模式的事業，那就另當別論），那麼，我們就又回到了起點。你需要有極強烈的策略取向。

第三，要借重使命的力量。懷抱社會使命可以推助企業，也可以埋葬企業。就像我們在本書中一直強調的，如果你把社會使命整合納入營運模式當中，將能大幅提升成功機率。

---

4 勒德爾和弗蘭克爾的私人對話。

朵麗絲・德沃契歐（Dolores Delvecchio）[5]因為創辦一家傳統企業而賺了一小筆錢，她決定奉獻下一段的人生，為這個世界行善。她在非營利組織裡努力工作，相關的經驗卻讓她倍感挫折，因此她轉向社會企業。

高遠呼喚（Higher Calling）是一家與眾不同的電信行銷客服中心。德沃契歐很關心大學生，他們有很多人都背負了龐大的助學貸款，抵押了未來的前途。德沃契歐是這樣說的：「這些年輕人無法回應他們真正的天命呼喚，只能在加油站打工。他們別無選擇；他們得要還債。」高遠呼喚僅聘用背有助學貸款的大學生。這家公司支付的薪水比業界水準高兩倍，也提供股票選擇權，員工在公司裡待得越久，就累積得越多。

雖然公司的投資人一開始抱持懷疑的態度，但最後這變成了雙贏政策。身為大學生的員工受惠，因為這裡的薪水高又有股票選擇權，讓他們能更輕鬆地償債。這家社會企業也得利，因為快樂、有動力的員工正代表了缺席率低、生產力高。結果是這家公司變成獲利能力極高的企業，大部分都要歸功於他們將社會使命整合納入營運模式當中。

5　德沃契歐接受弗蘭克爾的專訪。

對比觀點：當使命獨立於事業體之外時

亞當與夏娃公司（Adam & Eve）隸屬於性產業，完全沒有市場定位的障礙。這家公司預估的年營收超過 9,000 萬美元，銷售、經銷成人影片與情趣玩具（哦哦，成人專屬的小玩意兒）。雖說不太可能，但它竟然也是一家社會企業，或者，至少也算是社會企業的近親了。該公司於 1960 年代末由北卡羅萊納大學（University of North Carolina）的研究生菲爾·哈維（Phil Harvey）及提姆·布萊克（Tim Black）所創辦，這兩人研究的主題是，如何以非醫學的方式推廣家庭計畫。儘管以郵寄銷售保險套觸犯聯邦康斯托克法（Comstock Act），但他們的教授還是核准了這項實驗。他們並未遭到逮捕，企業更是一飛沖天，很快地，哈維和布萊克開始經營起火熱嗆辣的成人產業。

什麼原因讓亞當與夏娃公司躋身社會企業的領域？這家公司一開始的動力以及後來要實現的，都是一項很清楚的社會使命：提供人人可負擔得起的生育控制與預防愛滋病相關產品。仍擁有 40% 公司股權的哈維[6]，把大部分的利潤都捐給德克提國際組織（DKT International），後者是一家由他創辦的非營利機構，在非洲及其他地方發放人們可負擔得起的避孕方法。計算一下，我們可以算出透過哈維的捐贈，亞當與夏娃公司的利潤有將近 25% 都投入這項志業。這麼高的

---

6   哈維接受弗蘭克爾的專訪。

比率，是任何社會責任企業都會感到驕傲的好成績。

亞當與夏娃公司很少傳播故事的這一面。倒不是因為他們擔心會蹚上政治渾水，而是因為整合使命和行銷無助於他們的銷量。「我們的客戶來找我們，是因為他們想要享受歡娛。」哈維解釋，「慈善的衝動則躲在他們腦子裡的另外一個角落。」公司曾經檢驗志業行銷活動的成效，訴求將從銷售額中提撥極高比例捐贈給國際愛滋病防治行動。「客戶覺得無聊死了。」哈維如是說。

這個範例的意義是：如果可以的話，請把社會使命整合納入營運模式裡。但，有時候有規則就有例外。如果你做不到，也不會因此完蛋。

十誡之三：堅持品質

首先，「良心事業」一定要是一家好企業。事業體一定要契合既有的成功原則，而其中一項就是要堅持品質。最高標準的社會使命絕對無法彌補次級產品。如果你提供的品質與競爭對手相同甚至更優越，你的社會使命就有了決定性的優勢。品質不良，就什麼都別提了吧。

品質不只用來描述產品，也適合於描述人。在這裡，我們所說

的品質代表的是能力、社會智能（social intelligence）與氣節操守。而你當然希望團隊和公司的價值觀一致。

喬治・波利斯納（George Polisner）[7] 是社會企業阿羅諾瓦（Alonovo）的創辦人，也一直擔任公司的營養長。波利斯納的願景是要成為一份採購指南，在購買地點為購物者提供當下、準確的資訊，讓購物者瞭解業者在環境與社會責任方面的表現。阿羅諾瓦成立於 2005 年，得到了可觀的口碑宣傳。很多投資人都表現出興趣，波利斯納因此懷抱著很高的期望，認定會有大筆資金流入。但他一直沒見到。有一群投資人承諾要投資 50 萬美元，但到最後一刻卻撤回，因為他們一起得出的結論是，波利斯納需要 100 萬美元才能成功。波利斯納說，其他投資人「在要簽約時紛紛走避。他們公開表示自己支持綠色環保，但到後來，他們唯一有興趣的只有鈔票上的綠色」。

在飽嘗失望之後，當一位認真的投資人帶著 25 萬美元的資金出現時，儘管這筆錢裡有圈套，波利斯納也不願意說不；對方是一位執行長，以波利斯納的話來說，「他比較適合投資沃爾瑪超市，而不是阿羅諾瓦。」波利斯納的決策沒多久就造成了反作用。他回憶道：「我打了一場法律混戰才取回控制權。」執行長最後離開時，也抽走了這筆錢，寶貴的時間則早就浪費掉了。

波利斯納說：「這是我犯下的最大錯誤之一。」我們的解讀是：

7　波利斯納接受弗蘭克爾的專訪。

他亟欲尋求資金的渴望，使得他降低標準，接受不適合他的商業伙伴。

十誡之四：堅持極致簡單原則

社會企業本質上原就比傳統企業複雜。社會型創業家要考量兩面，而不是一面。這至少需要具備某種程度的雙重願景。

如果你要捍衛既有地位，複雜性可以變成策略上的資產。但，對於創業家來說，複雜通常會引發問題。太多可變動因素意味著會出錯的面向越多，而這也代表失敗就在不遠處了。

複雜對於日常營運造成的負面影響，讓許多創業家（就讓我們老實說吧）崩潰。複雜增添了管理上的負擔，而且讓你在規劃時完全無法憑恃。這會提高你的成本，還有壓力。當你被小小的熱帶魚群一點一滴咬死時，經營企業就毫無樂趣可言了。

解決方案是什麼？首先，調校你的營運模式和流程以增進效率。其次，盡量把複雜的工作外包出去。以親密藝術中心為例，我們就把訂書出貨的事外包給亞馬遜網站，走這一步棋替我們省下時間，也省了麻煩。

複雜性的第二個問題，是這會讓投資人以及其他股東卻步。就像阿羅諾瓦的創辦人波利斯納說的：「你需要能夠簡要地闡述

你的概念。」

身為概念上很複雜的我們社區網路公司創辦人[8]，我（弗蘭克爾）可以為這一點的重要性做見證。這家事業體需要獲得廣泛的股東接納，包括本地人民、企業與非營利組織。當我解釋到第三句時，他們的眼光通常就會開始呆滯。我從來不曾真的抽時間把我的電梯演說（elevator speech）*琢磨精錬到更簡潔。這套營運模式在概念上的美妙之處讓我深深著迷，因此認為其他人也一定會讚賞。但他們可沒有。

聚焦的重要性是本章及下一章一再出現的主題。找到你的目標，瞄準，射擊，重複，一而再、再而三地多做幾次。就像波利斯納說的：「如果沒有大筆資金，你就要聚焦在精通少數幾項活動。武術大師李小龍是這麼說的：『我不怕一次練一萬種踢法的人，我怕一種踢法練一萬次的人。』」

十誡之五：什麼都可以妥協，但你的氣節操守除外

這條誡命結合了原則與實用主義：盡你所能，讓你的社會企業成功，並且知道什麼時候該說不。但，這條誡命有廣大的灰色地帶。你怎麼知道何時該喊停？

8　有一位投資人在開支票給我（弗蘭克爾）時確實說了：「我還是不懂你的概念。」我不確定究竟該為了他給我的信心表示感激，還是要為了難以說服他的心而感到不安。

*　譯註：原意為搭乘電梯的時間內就要完成的簡報演說，用來指稱簡短扼要的簡報。

開發環保建築提供了一個很切題的案例。要實現雄心萬丈的環保建築開發計畫需要投資一大筆錢，而且這類開發計畫當中有各種彼此衝突的壓力，還會引發各類互相較量的責任。開發商有責任為投資人創造可觀的報酬，也要完成讓支持永續性的人士讚賞的開發專案。在這種情況下，「氣節操守」不是一條截然分明的底線，而是連續性的區塊。

基本上，在每個環保建築開發案中，開發商做的決策都在和自己的良知拉扯。這些妥協的背後，通常都有極具說服力的理由。如果你不妥協，專案就沒有明天，還稍微帶點環保色彩的專案總是比什麼專案都做不出來好一點吧？

氣節操守的連續性區塊

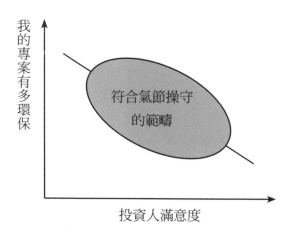

1990年代後期，當大衛・凱斯（David Case）和凱文・凱利（Kevin Kelly）[9] 這兩位開發商開始介入西文諾（Civano）開發案時，他們採用的就是這樣的邏輯；西文諾是一處位在土桑市（Tucson）的生態村，源於當地想要建造一個百分之百太陽能社區的草根願景。

這兩位開發商很快就明白，這幅願景雖然很值得喝采，但經濟上並不可行。這個開發案能忍受的工程款加價，最多為高於傳統建築的15%。完全使用太陽能會耗盡所有的加價，如此一來，就不可能建置其他生態性的設計設施，如強化用水效率等。與其以無法維持下去的價格答應完成一個歪一邊的生態專案，凱斯和凱利決定在計畫中拿掉百分之百使用太陽能的要求，招來了當地運動人士的憤怒。

「我們遭受四面八方的抨擊。」凱斯回憶道，「這個專案接受土桑市政府300萬美元的資金贊助，西班牙裔的領導者因此指控我們，分走了原本可以用在改善城內貧民窟計畫的資金。但我們受到最嚴厲的批評是來自環保人士。」

時至今日，西文諾已經成為一個有將近六百戶人家的蓬勃發展社區了。這個規模比凱斯和凱利一開始規劃的小，但總比什麼都沒有來得好。

「我給這個開發案打甲下。」凱斯說，「我們希望能一般性地

9　凱斯和凱利接受弗蘭克爾的專訪。弗蘭克爾也是西文諾開發案的顧問。

提高土桑地區的建築開發案標準，整體來說，我們成功了。如果我們不願意妥協，就會開發出賣不掉的產品，西文諾開發案便無法順利完成，我們會至今都還在原地踏步。」

這是一條符合氣節操守的路嗎？那要看你問的是誰。

幾年後，我（弗蘭克爾）請教已故的環保科學家唐妮拉‧米道絲（Donella Meadows），要在土桑開發環保建築的話，要放入哪些適當的參數？她說：「在那片沙漠裡？完全別開發。」這和凱斯的答案很不一樣。對某個人來說，氣節操守可能代表要堅守願景的純粹完整。但，就像凱斯和凱利的例子一樣，也可能代表要接受某些攙雜攪和。但這只能到某種程度；對於每個有良知的人來說，都有一個你必須斷然說不的時候。以凱斯來說，當西文諾的金主之一房利美（Fannie Mae）要借錢給開發商，但附帶條件是他們在行銷訊息當中不可以用到「永續性」一詞時，這個時候就是了。「房利美擔心，如果這個開發案不符合某個人定義下的永續性，可能會被告，」凱斯說，「這真是既古怪又偏執。他們要我們不可以說我們是誰。我們還是拿他們的錢，但不管他們的要求。」

同樣的，在這裡，我們看到所謂的氣節操守是一個多難處理的主題。這擺明了是不遵守契約，以個人操守來說，可能會被視為沒操守。凱斯和凱利怎麼知道這對他們來說是正確的行動方針呢？這並不是智性分析的過程。「答案在我們的直覺裡。」凱斯說，「我們就是知道。」

這個問題沒有輕鬆簡單的答案。氣節操守是絕對且不可侵犯的價值，但在特定的情境下適用哪些操守，就算是道德上無懈可擊的人，可能也確實會有歧見。我們不會告訴你，對你來說操守代表什麼意思。我們不是道德學家，還有，更重要的是，我們不是你。但，我們可以而且也將要做的，是重申這條誡命的重要性，並建議你好好想一想，以你的社會企業來說，操守的意義是什麼。理想上，在早期整個局勢相對平靜時，就要做這件事。

總歸而言，操守要結合可行、深思熟慮以及直覺：

- 一定要非常務實。

- 一定要謹慎地事先思考你的社會使命範疇何在。

- 複雜的議題未必能有輕鬆簡單的答案，請瞭解這一點，並予以尊重。

- 傾聽你的直覺。你會知道何時該說「不」。

十誡之六：人貴自知

這條誡命之所以十分重要，是因為背後連結了一個特有問題：創辦人症候群（Founder's Syndrome）。你的社會企業就像你的孩子，是你的一切，因此，你自然而然會為它付出一切。如此

盡心盡力的奉獻，在任務早期的階段當然非常有用，但隨著你的事業體越來越成熟，這一點也逐漸變成問題。沒有人可以獨自把一切做好。上天給人的聰明才智不是這樣分配的；而且，就算有人得天獨厚什麼都行，他們的時間也不夠，難以有全面性的高水準表現。創辦人症候群會變成一個問題，理由有三：

- 這會導致大小事一把抓的管理風格（創辦人什麼都懂！），而什麼都要管，會減損他人的力量。你可不想這樣對待團隊。這不僅不體貼，更會引發惡性循環。士氣低落的員工通常會躲避責任。當這變成制度上的問題時，唯一能夠挺身而出的，就是（沒錯）患有創辦人症候群的那一位。

- 會把事情搞砸。當每個決策都必須經過帝王領導人（或者僕人領導人）時，一定會拖慢時程。這就好像拔掉車子的四檔和五檔。

- 有礙品質。有一個詞可以用來形容自以為比團隊裡的每個人更懂每一件事的老闆：錯覺。當人才得屈服在錯覺下時，付出的代價就是績效。

每個人都有優、缺點。要找到自己的優點，引以為傲，並善加利用。至於缺點，也要找出來。去尋覓你相信他也會這麼做的人才，然後讓出路來。

十誡之七：尋找支援

循著「人貴自知」的道理，我們可以推論出一件事：「你無法獨力完成。」沒有任何人是一座孤島，這句話也適用在社會企業身上。

行銷公司摩瑞根企業（Merrigan & Co.）專營為非營利組織撰寫文案。業主鮑伯・摩瑞根（Bob Merrigan）創辦這家公司，是因為他熱愛寫作，而且寫得很好。銷售及業務開發不是他的強項，也不特別感興趣。他累積出絕佳的名聲，不需要做太多個別推銷，他的企業就能逐漸成長，又多聘用了三位員工來分攤工作流量。雖然他們現在的產能還能應付工作量，但摩瑞根有先見之明，請來了一位業務開發專員。等到不可避免的冬天降臨，這家公司的工作量將會爆大量[10]。

社會型創業家不僅需要事業體內部的協助，更能從外界交流網絡之中獲益。以親密藝術中心為例，當我（弗蘭克爾）出席專為社會型創業家共聚一堂的 2011 年秋季社會型創業網絡大會時，幾乎是在一夕之間就印證了這個道理。我決定出席這場研討會，是因為我想要為本書做研究。那時我並沒想到的是，對於我協助經營的性教育事業來說，這裡或許有重大的商業利益。我很快就開了眼界。在兩天的聚會將近尾聲時，我已經和兩位可能的品牌經營伙伴、一位潛在金主、一位事業開發兼募資專家建

---

10 勒德爾和弗蘭克爾的私人對話。

立起重要關係[11]。

以後見之明來看，我才瞭解，為什麼一開始我沒有把這場研討會當成親密藝術中心的業務開發機會。性教育是一個自成一格的世界。放眼望去，你會看到這個領域裡有生育計畫協會（Planned Parenthood），他們算是眾人心知肚明但不說破的禁忌，其他則有一大群獨力運作的教師，這一群人感興趣的主題是教育、性或者兩者兼具。你也會看到代表文化多元性的指標，組合中有可敬的中產階級，還有另類生活風格導向的族群。你會發現，雖然在邊緣地帶也會出現社會企業和永續發展，但在這個領域相對少被提及。

我犯的錯誤，也就是在於毫不質疑就接受了別人認定的範疇，沒有進行獨立研究評估，以瞭解親密藝術中心應該屬於哪些社群。其中一個便是社會企業。

你的網絡又是什麼？你有沒有盡可能借力使力？身為社會型創業家的你，很重要的是，要去尋找必定會參與你的社群，而且是所有社群。支援很可能出現在意料之外。你的任務，是要站出去，讓支援能夠找到你。網絡交誼帶來的報酬或許無法量化成財務報表上的數字，但毫無疑問，確實存在。

---

11 理查爵士保險套公司（Sir Richard's Condoms）每賣出一個保險套就捐贈一個給開發中國家。卡達布拉蘆薈公司（Aloe Cadabra）與好潔愛公司（Good Clean Love）販售有機個人用潤滑油。至於亞當與夏娃公司，我們之前提過，這家公司一年捐贈數百萬美元給國際家庭計畫與愛滋病防治活動。

十誡之八：和你的（冒險）事業培養出健全關係

之前我們提過，身為社會型創業家就像為人父母一樣。確實如此；而我們也可以說這就像談戀愛一樣。你有熱情，你許下承諾，你的心情七上八下、起伏不定，還有，你也一定會遭遇挑戰。剛好，有些讓戀情順利圓滿的原則，這裡也適用。

不斷發掘熱情

寶寶、帳單、倒垃圾，這些事都有礙浪漫。經營事業的日常瑣事也有同樣的作用，會讓你忘了一開始為何堅定投入於此。如果你不做的話，又有誰能激勵人心，又有誰能時時提醒大家不忘初衷呢？

捍衛信念

當事情不順利時，很容易讓人氣餒。這種態度會傳染，當沮喪是由上往下傳時，尤其嚴重。如果你必須假裝，那就裝吧，而且要裝得像一點。當局面最黑暗時，也是你要把火炬舉到最高處之時。

賦予團隊力量

如果你要和控制狂談戀愛，就得戰戰兢兢。如果你的老闆是控制狂，情況也毫無二致。把員工當成伙伴來對待。給他們應有

的尊重，還有大量的自主權，就算你擔心他們會因此犯錯，也不可遲疑。

謹慎觀察微弱的信號

無論是經營親密關係還是經營事業，防微杜漸總是比較好。想想在癌症還是小腫瘤時治療比較好，還是等它轉移後再來治療比較有效？

你思考起來或許認為這種做法再明顯不過了，但這需要你去留心你稍微感知到的焦慮。參森研究機構（Samson Research）為醫療保健企業公司提供資料分析。派特·普賽爾（Pat Purcell）是這家成長快速機構的主管，他總是覺得公司在軟體更新上有一些問題，他的理由是：「不確定誰應該負責這件事。」[11] 以這裡為起點，他著手推動點對點盤查公司裡的各項流程，目的是要找出有哪些面向在管理上落入了三不管地帶。普賽爾很注意一些微弱信號，這是比較缺乏前瞻性的經理人想不到的。最後的結果讓他安心了，同時也及早剷除可能的問題。

知道何時該放手

我們都知道墜入愛河是怎麼一回事。不論情況有多困難，你都會撐住，不想放手。但，有時候，到了某個點，你再努力也沒有

---

11 同註 9。

意義了。這和經營社會企業很像，唯一的差別在於這個時候你通常會收到信號：你沒錢了。但，偶爾你可以蹣跚前行，比方說，即使已經沒有意義，你還是去借更多錢。社會企業是一場賭注，如果你知道何時該收手，會比較好一點。

十誡之九：照顧好自己

社會型創業家通常都把自己弄到精疲力竭。這份事業是你的孩子，你的伙伴，你的一切，為何不應把每一滴的熱情、心血全都灌溉在這裡？

理由如下：做得太多會引起反作用。如果你把自己逼得太緊，害得自己生大病，這艘船就沒了船長。如果你還「只到」壓力太大的地步，也可能已經有損決策與領導能力。就像衣適酷的丁潔絲說的：「當我覺得壓力很大的時候，我就很難分辨哪些是真正的憂慮，哪些又是我的煩躁而已。」

未能照顧好自己也會對你的團隊和品牌造成微妙的影響。當波利斯納努力要讓阿羅諾瓦成功時，他也重了 85 磅（38.5 公斤）。「這對事業沒有幫助。」他說，「人們要找的是能自律的人，我沒有辦法證明這一點。這可能也影響了我的募資能力。」

十誡之十：戰戰兢兢，保持平衡

巧妙的管理重點很多，其中之一就是要平衡不同的極端，而且是多組極端：

謙虛與驕傲：你要抱持開放的心態繼續學習，同時對於你所知的一切懷抱信心。

感性與理性：身為社會企業的領導者，你就是那個要讓熱情時時保有活力、而且讓團隊常常湧起矢志不移感受的人。你也需要抱持強烈的策略取向。

擁抱完美主義並懷有彈性：有時候你必須做到完美，但有的時候，完美是美好的敵人。你必須在這兩者間切換。

保有信念但也要實際：你必須去相信，也必須腳踏實地。

要保持超然，但必要時也要出手：老是不見蹤影的經理人會變成問題，老是下指導棋的也是一樣。找到適當的平衡，收放自如，是管理的一項藝術。

前瞻思考，但不要太過超前：搶先一步可以帶來競爭優勢，搶先三步則會帶來災難；如果在漫畫裡，就是直接跌落懸崖。

權威與民主：務實是美德；至少通常都是。你是不是剛剛決定

了要辭退關鍵團隊成員？若是的話，你可能最好仔細地規劃一場困難的對話，還有，在你真正行動之前，用接近完全透明的態度和他們互動。

願景與實踐：社會型創業家通常都有遠大的夢想，這部分對他們來說很簡單，困難的挑戰是要花掉很長的時間處理創業的日常苦差事，而且常常還徒勞無功。

願景和實踐之間的緊張拉扯是常見且重要的問題，也是下一章的主題。

The Art of
Social
Enterprise
Business as if
People Mattered

10

克服創業家病

沒有執行力的願景是假象。

——湯瑪斯・愛迪生（Thomas Edison）

大家好，我是弗蘭克爾，是一個願景狂，一個正在復健的願景狂。你會問，什麼叫願景狂？這指的是一個人樂於花時間去想像未來將會如何，這種人通常不去管日常俗務。很多創業家（以及社會型創業家）也都剛好有這個毛病[1]。就像我們之前提過的，每一位創業家都想從今天的「這裡」一躍而至更高遠的「那裡」。他們的未來願景，是帶動、激勵他們的理由。願景是眼睛裡閃動的光芒，催生出每一項充滿創意的活動，包括社會企業在內。

---

[1] 布隆伯格認同我的觀點，但沒有我這種毛病。

願景很棒。願景很神奇。願景不可或缺。但是，你也可能因為做得太過頭，而把一件好事搞砸。總而言之，這就是所謂創業家病。

從我們的經驗上來說，創業家病是一種流行病。到目前為止，就我們所知，創業家病是我們自己發明出來的新詞，但我們沒有官方統計數字可以證明這一點。我們還沒有看到一大群的心理醫師針對這個議題設計問卷，也沒有可供病患參加的匿名戒斷願景聚會，但這都不足以駁斥這種病的存在。如果你是社會型創業家，你可能就有這種基因，而且或許你自己就是完整的創業家病個案。

身為正在復健的願景狂，我對於飽受此種病症折磨的人倍感同情。我懂，而且非常瞭解。願景狂這種病症，起於兩個世界彼此衝突。我們把多數的時間花在處理繁瑣俗氣的現實，這些事會讓人變得遲鈍，挫折沮喪。付帳單。倒垃圾。把一堆堆的紙從這一疊搬到那一疊。你眼睜睜看著這個世界急速惡化，主事者卻不願意或沒能力做點什麼。

和這個現實世界相對照的，是未來可能出現的新風貌，是一個你想像中的世界。當我跌入自己創造出來的願景時，我享有完全的控制權。願景的世界一切美好，充滿著興奮、川流不息的創意以及無限的潛能，而且沒有任何不良的、無聊的事物。玩樂本來就是人的天性，是我們學習的主要方法之一，身為成人，玩樂也是我們太欠缺的一部分；但如果我們得了創業家病，花很

多時間躲在願景的世界裡，那又不一樣了。如果說這不叫玩樂，那就什麼都不是了。

在現實世界裡，有著數不盡的生理與社會限制。我們只能跑這麼快。當我們希望對方說好的時候，他們卻拒絕了。但在願景世界裡，我可以乘著想像力的翅膀翱翔，比我的雙腳快多了。至於社會限制，這裡完全沒有。唯一可以對我說不的人，只有我自己。

在願景世界裡，我們都超強而有力，並且可以玩樂，理論上，可以一直玩下去。障礙出現時，比較不像是一個問題，而像是全新的玩樂機會。嘿，事情變得更有趣了！在願景世界裡，直到我們決定走開之前，遊戲都不會結束（或者說，樂趣不會停止）。

願景世界還有另一個美好之處：這是一個無憂無慮的地方。你在這裡會碰到最糟糕的事，就是被無法克服的創意挑戰難倒。你在願景世界裡不會失去摯愛；你無須面對自己的死亡。這是一個不朽的世界：你在這裡永遠都是一個孩子，總是開開心心在玩耍。這裡沒有否定，更沒有幽閉恐懼症。願景世界不但不是現實世界，更是一個反現實的世界。

這些也正是藝術家會沈浸於創作藝術的原因。當他們進入創作流程時，同樣擁有了力量和控制，他們的想像力再也不受限制，不僅能用同樣的方式因應自己的焦慮，也能決定（而且僅由他們決定）遊戲何時結束。但，創業家和藝術家適用的願景空間

遊戲規則並不相同。創業家的輸贏，取決於他們如何把想像推展到現實世界裡，營收必須超越費用。至於藝術家，如果他們在商業上能擁有好成績當然很棒，但成功與否終究還是主觀的判斷。評斷藝術的是藝術的標準，而不是損益表上最後一欄的損益數字。

願景（願景世界裡的成果）和執行（真實世界裡的成果）之間本來就會緊張拉扯。我們可以理解，愛迪生的著名公理「天才是1%的靈感加上99%的汗水」，描述的正是玩樂和工作之間的緊張關係。

那麼，創業家與社會型創業家常常受到吸引，進入充滿樂趣與自由的玩樂之地，卻沒有耐心面對本質上不那麼激勵人心的日常俗務，難道不令人心生質疑嗎？

你有沒有被創業家病纏身？如果你在以下問題中有任何一題答是的話，你很可能已經得病了：

- 你是否曾把某個雄心萬丈的信念當成「就只要」的任務？我們就只要募得 100 萬美元便行了。我們就只要找來幾十個很有才華的人，叫他們志願替我們做事便 OK 了。請特別小心「就只要」這個邪惡的字眼！這是一個指標，代表你忽略了未來的苦工。這個「就只要」可能就只是假象而已。

- 你是否曾經成功地讓企業步上正軌、開始起飛，一旦企業開始轉型，從你眼中閃動的光芒變成要人把屎把尿的小孩時，你忽然間就失去了興趣？

- 你是否常常大幅低估完成任務需要的時間？

- 你是否曾經把過多的時間花在微調標誌與修正銷售資料上，但卻很難實際動手撥打推銷電話？

- 你是否熱愛追逐新的商機，並把這些列在你的待辦事項清單上？

- 你有沒有在經營企業時達成交易的時間遠遠早於你建置系統和流程的時間？你的簿記紀錄是否早就落後很久了？你的稅務申報資料是不是差點趕不上最後期限（或者，你根本就錯過了）？

創業家病並非全然不好。你的確需要一點點這些症狀，才能成為成功的社會型創業家。說到底，如果你想要改變這個世界，你一定要有一幅願景，能想得出這個世界要如何變成一個更美好的地方。少了願景，你不過就是另一隻工蟻：你的領導者地位會受損，你也很難激勵整個部隊。但，你需要控制病情（這也是我們的重點），需要妥善管理這種疾病，而，只有當你去抵抗天生的喜好本性時，你才辦得到。從某種意義上來說，你必須變成不是你，或者，從比較寬容的角度來看，你必須成為

一個整合度更高、紀律更嚴謹的你。

最能激發人心、最成功的社會性創業家，不會濫用他們對於願景世界的熱情，他們會加以調整。當業務上有意義時，他們才會跳進這個領域。

他們會保持清醒。

請容許我把你帶出來

要抗拒想蹲在願景世界裡的誘惑，你必須自我訓練，對抗你的本性。這可以轉化成幾條戒律。

要務實（而且守在現實裡）

「務實」有兩個不同的意義。這是警示，告誡你做人處事要確切真實；如果能和必要時嚴守口風（即隱藏情緒）的能力相互平衡，便是一項很重要的管理技巧。但，這不是我們在這裡要說的。當你把「務實」當成緩解創業家病的良藥時，這表示你要訓練自己能清楚區分實際狀況以及你希望的狀況。亦即是你要踩碎有色眼鏡，把破掉的鏡片收拾乾淨，然後丟掉，而且還要盡可能常常這麼做。

我們在這裡不是要談如何獲得啟發，而是要如何腳踏實地，如

何養成習慣常常問問自己以下這些問題：

- 我是冷靜地在思考這件事，還是沈溺在一廂情願的想法裡？

- 我們的腦力激盪過程是否到了再想下去回報也極其有限的地步了？

- 要採取哪些行動步驟，我又要如何推動落實？

- 提出來的方向可行嗎？需要耗費多長的時間？成本要多少？這和使命的契合度有多高？這造成的干擾影響有多大？

對於患有創業家病的人來說，他們滿心希望某些適用於現實世界的規則消失。比方說，在願景世界裡，時間並不存在：每一件事都可以馬上發生。但在現實世界裡，時間不僅存在，而且完成任務需要的時間通常比你想像中的更長。你以為更新網頁只需要十五分鐘，但到頭來卻耗掉你半天的時間。

務實（而且守在現實裡）代表你要把煩人的現實納入決策流程，比方說，完成任務需要多少時間。這表示，你要駐守在現實世界裡，有必要的話，甚至你得把自己拴在這裡。

和墨菲定律為友

現實世界裡另一個惱人的特色，是墨菲定律（Murphy's Law）無所不在；墨菲定律說，如果你認為有什麼事會出錯，那就一定會出錯。

願景狂們，當墨菲定律出現時，千萬別訝異，而且，不要把時間浪費在發脾氣上。何必為了改變不了的事而激動？何必挑戰自然定律？墨菲定律在願景世界裡無立足之地，但在現實世界裡，真正的工作就是在這樣的條件下完成的。規劃墨菲定律，對付墨菲定律，培養幽默感笑看墨菲定律。

說不就對了

機會很多，有些人甚至會說多到數不盡。外面有百萬道彩虹，每一道的盡頭都有一桶金*。但，時間有限，金錢和精力亦然。在願景世界裡，有足夠的空間和時間讓千道彩虹同時閃耀；在現實世界裡，卻只能容納少數幾道。身為社會型創業家，你需要清楚地區辨，僅在商業上很有吸引力時，才去追逐某個機會。

雖然上述的論述通常成立，但在這裡也適用另一種反動說法。不要完全關上新業務機會的大門。你的事業急需的結盟機會，或許就在不遠處。

---

* 譯註：愛爾蘭傳說魔法小人會在彩虹的盡頭藏著一桶金子。

做更少的事，但要做到更好

這一條戒律是順著「說不就對了」推出來的結論。社會企業非常有挑戰性，容許犯錯的空間有限。要成功創辦、經營社會企業，你需要以極高的標準來參與這場賽局。你必須把你所做的事做好，而這又需要保持很集中的焦點。當你把自己拉扯延展到太過輕薄時，你的能量會消退，整體品質也會受損。

你有的是過多隨意的承諾，還是少數的謹慎關係？刪掉過度部分，聚焦、聚焦、再聚焦。請聽從葡萄牙的俗諺：多想幾件事，但做一件就好。

要非常實際

經營企業有時候很有趣，有時候則不然。當工作變成磨人苦工時，遁入永遠不會無聊的願景世界是很誘惑人的念頭。每當出現這樣的引誘時，請密切注意，並加以驅趕，然後繼續努力工作。

尋求支援

我們在前一章中提過這一點，現在要再說一次：請尋求支援。積習難改，你要靠自己保持清醒，極度困難。

支援有多種不同形式：

- 你可以請團隊成員看到你退步偏離時大聲提醒你。但，這可能是徒勞無功之舉，而且你也不可以完全仰賴員工的直言，因為這些人還要靠你付薪水。

- 你可以事前主動徵求員工提供回饋意見。就像我們在第六章提供的，我們最愛的管理相關問題之一，就是：我們得知道哪些事才知道我並不知道？如果對方的意見是：「你又變回願景狂了。」唯一的正確答案就是：「謝謝你。」

- 你可以聘用企業輔導教練，幫助你監督與改變行為。企業輔導教練可以幫助你對自己負責，這是非常重要的步驟，讓你能夠契合使命（還有，推演下去，也讓你的事業體能契合使命）。如果你可以從預算裡勻出一些費用，就這麼辦吧。這是絕佳的投資。

- 從你的社群當中尋求支援。和其他人培養良好關係，你的團隊裡就有可以商量的對象了，而且對方還不是你的員工。

說到底，願景狂只是希望能找點樂趣。如果把日常的苦差事放到他們眼前，他們的衝動就是告訴你：「別做了，我們來玩吧！」至於解決方案，我們提出的建議，差不多等於清教徒奉行的戒律：多花時間苦幹實幹、少花時間尋求靈感。延後享受喜悅滿足，再延後享受喜悅滿足。這當中能給你很大的成就。這是你努力

工作而獲得的獎賞，即便工作已經不再有趣，報酬仍在。但，和清教徒的信念不一樣的是，這份獎賞並非永生，而是一份在讓這個世界變得更美好的賽局裡勝出的社會企業，屬於你的社會企業！

管理焦慮的標準做法

就像我們在第九章中看到的，焦慮，或者我們之前所稱的「微弱信號」，是一件好事。焦慮警示我們要小心。焦慮在演化上有價值，在商業上亦然。微弱訊號是一種早期警示系統，要我們及早去注意某些事物，以免後悔莫及。

人和焦慮之間的關係，會在兩方面出錯。過早出現的焦慮會讓我們受苦，讓我們去擔憂不值得（或是根本沒必要）注意的問題。沒錯，獅子會躲在樹上，但既然我們身在紐約市的中央公園，整體來說，出現獅子的風險非常低。過早出現的焦慮，就像你要為了一筆還沒動支的貸款付利息。

還有，我們也可能未妥善管理焦慮。同樣的，這裡也有兩種可能性。我們可能會對著焦慮衝過去（換言之，執迷於焦慮），或者逃離焦慮（否定）。如果我們傾向於採用後面的策略，躲進願景世界尤其方便。以演化的用語來說，焦慮來自擔心被消滅的恐懼。還記得我們剛剛提過樹上的獅子嗎？光想到牠的銳牙和利爪，就足以讓我的腎上腺素衝高，但真正讓我害怕的並

不是獅子的牙齒和爪子。我害怕的是獅子有能力把我當成晚餐，而且是用很不溫和的手法。

願景世界不會有被消滅這種事。那裡沒有時間或空間的問題（也沒有獅子）：你不會變成別人的晚餐（或者，在這一點上，你也不會變成別人的早餐吐司）。企業上的憂慮或許看來和樹上的獅子很不一樣，但實際上差異並不大。失敗永遠都是讓人憂心的主題。如果你深入挖掘尋找當中代表的意義，你會發現失敗呼應的是地位低下；是羞恥以及被趕出族群的可能性；是更少的取得資源管道；是貧窮與飢餓又更拉近了一步。這時候，是狼還是獅子，又有什麼差別？

無怪乎遁入願景世界那麼有誘惑力，這還有什麼好質疑的？

願景狂要如何抗拒逃進奇幻大門？那就是：要和焦慮以及被消滅的可能（無論是哪一種形式）培養出健全關係。

以下三條戒律應該有幫助。

能自在地面對不確定性

你永遠不知道過去的決策是不是明智的，也不知道今天或未來的決策是否適當。你也不可能知道今天的壞消息到頭來是不是潛藏的祝福，或者相反。你不會知道在街角等著你的命運是什麼。

我們所不知道的，可以無窮無盡地列下去。嘿！我們甚至不知道自己是怎樣的一個人。對，我們有姓名，有個性。但，光是這些哲學家艾倫‧瓦茲（Alan Watts）所說的「表象包覆的自我」（skin-encapsulated ego），就足以構成我們全部的身分認同了嗎？可能不行。性靈導師告訴我們，真正的身分認同超越自我狹隘的限制，而幸福（順帶一提，幸福這個命題包括了要消除焦慮）則在於別再對自我以及其狹隘（且虛假）的確定性保有忠誠，轉而向更廣大的未知領域抱持開放的態度。

連物理性的世界，也並不完全是我們以為的模樣。我們的心智把能量和資訊轉成形式，然後告訴我們這些形式便構成這個世界。但，有些超越大腦建構現實的更基本事物，不僅非凡，而且根本無法想像。有太多我們不知道的事物，而我們能做的又太少！這是讓人不安的現實；對很多人來說，也很讓人膽怯。能感覺到自己知道，是我們最首要且最強力的控制策略。

從語源學來說，英文的「control」（控制）一詞來自於拉丁文中的「contra」，意思是與之抗衡的行動。我們反射性的反應是去擁抱知悉瞭解，這是我們「對抗」一股全然的脆弱所採行的「行動」；這樣的脆弱，來自於我們面對自己的渺小和無知。大小主宰了哺乳動物的世界，還記得吧？而我們人類是這麼的渺小。

在願景世界裡，我們擁有完全的控制權。這是這個世界的美妙歡娛之一。順著這個道理推論下來，若我們想要克服躲進願景世界尋求庇護的衝動，就要降低一心想要控制的需求。我們要

能自在地面對不確定性，接受不確定終究是既存的現實，我們所知的，不過是一小塊廣袤未知的海洋表面。

如果你真的可以接受自己所知少之又少，就不會因為不確定而感到焦慮。焦慮不再是一種警示，不再是偏離常態。焦慮將成為現狀，一種不具威脅性的現狀。弔詭的是：當你放棄控制權時，反倒得到了控制權。

踏穩腳步

如果說，在你身為社會型創業家這段期間有什麼是確定的，那就是人生會有高低起伏，而且是常常有。當事情出錯時，我們很容易就身陷泥淖，然後快速遁入願景世界。

其實你有別的選擇。你可以用更長遠的觀點來看，提醒你自己這一季很長。不要因為情勢大好就興奮過了頭，也不要因為狀況很糟而沮喪低落。也許，明天一切就不同了。

洞悉大觀

我們之前提過遁入願景世界是緩解焦慮的方法，且讓我們重返此地，以總結討論。我們現在要講的，不僅是願景，而是一幅大格局願景。要看大格局願景，你一定要從**真正的**長期觀點來看（或者這麼說吧，要借用上帝的眼睛來看），而不只是一般的、凡人的長期觀點。

是的，你的社會企業成功與否很重要，但，從另一方面來看，這也無足輕重。就像薄迦梵歌（Bhagavad Gita）*這類史詩所提醒的，我們都在一場盛大的宇宙之舞裡。千萬年來，生與死，狂喜與折磨，愛與恨，戰爭與和平，勝利與失敗，這些偉大的二元性一直都和我們如影隨形。我們從自己在這齣大戲裡的位置來看，告訴自己，一個人最後會怎麼樣是很重要的事。但這是一種幻象，是傀儡渴望成為神的可悲幻想。

巧的是，這也是一種必要的幻象，因為，催促我們採取行動並把這齣大戲推上舞台的，正是我們為了追求成果而投下的心血。如果我們認為自己無關緊要，又何來熱情？沒有熱情，就沒有戲碼沒有美麗，最後也就沒有這場舞了。

從這個觀點來說，我們是輸是贏並不真的重要。輸贏都是凡人的幻象。萬能的編舞者不會像你支持洋基隊（Yankees）或紅襪隊（Red Sox）那樣，偏心這種結果或那種結果。這就是一個舞台；這場大戲已經開演，沒有盡頭，永不休止，以宇宙天地來說，只要我們能參一腳，我們就贏了。

在這幅永無休止的願景裡有著美好與偉大，還可能蘊含著平和寧靜，讓我們可以面對會讓我們躲進願景世界裡的許多焦慮。你很擔心在這場人生的賽局裡走錯一步？別擔心。只要你是人，你做的都是對的。你還煩惱地球或者是你的社會企業未來將如何？你當然會煩惱！這已經寫進你的角色裡了。焦慮煩惱正是

＊ 譯註：印度史詩。

讓這場舞動起來的情緒之一。但，我們不需要強調這一點，不需要把焦慮變成讓人害怕的獅子。你擔心煩惱，那又怎麼樣？你是在跳你的舞啊。

這麼一來，我們也已經接近這趟旅程的尾聲了。在本書當中，我們涵蓋了很多主題。我們描繪了社會企業這個快速擴張領域的圖像。我們涉足定義上的辯證，建立了一套論述，用寬容、從心出發的態度來理解這個極重要的新興模式。我們透過信念、金錢和人這些基本的觀點，檢視了社會企業裡不同的機制。我們以現實世界裡的社會型創業家為例，這些人都在奮力解決和使命至為相關的問題。我們進入了領導這個平行的領域，基本上將領導視為自我實踐的表述，以此作為檢驗領導的觀點。我們遵循聖經的模式，和讀者分享我們的社會企業成功十誡。我們警告各位，願景狂會帶來哪些危險。

我們希望，這林林總總彙整起來，會讓你更理解社會企業這個世界及其運作。

從中能提取哪些心得？當然，這要由你決定，但我們要強調以下這些可能的重點，供你參考。

首先，關於社會企業定義上的辯證，雖然很有趣，而且在某些方面也很重要，但最終都是場邊花絮。重要的不是人們如何自稱，

而是他們做了什麼。

第二，請及早、清楚而且經常進行溝通。

第三，雖然創業家和社會型創業家的成功原則相似，但在某些重要領域也有分歧：

- 以在內心釐清信念，並且向團隊成員、投資人與利害關係人溝通傳達企業來說，社會型創業家以信念為核心，要做的工作更多而且更有挑戰性。

- 社會型創業家在組織型態這方面必須明智布局，有必要的話，還要加上創意。

- 以大部分的案例來說，若能將社會使命整合納入品牌與營運模式當中，對社會型創業家最有利（當然，對於未抱持社會使命的創業家來說，這當然不是問題）。

第四，社會型創業家會陷入很多特別的陷阱裡。傳統企業主要用理性左腦思考，社會型創業家通常會在左腦與右腦、理性與感性之間尋求平衡。這讓他們暴露在風險之下：賦予他人過多的權力，而且因為太以感性為主，導致他們無法做出最佳的商業決策。不論組織型態為何，都要以像經營企業的方式來經營社會企業。即便背後驅動的力量是感性的心，這裡仍適用商業基本面。

第五,身為社會型創業家的你如果能更有自覺,對你(還有這個世界)都會更好。「自覺」一詞長期以來已經被用到爛了,我們承認在這點上也加入了大眾行列。如果從字面上來看,當你不是昏迷、沈睡或死亡時,你都有自覺。但,長期下來,這個詞還出現了另一個意義。以作家兼顧問佛瑞德‧考夫曼(Fred Kofman)的話來說,自覺代表「要覺醒、用心。清醒地活著,代表你要以開放的態度來感知外在的世界以及自我內心,要瞭解自己的環境,並判定如何用尊重自身需求、價值觀與目標的方式來回應外在環境」[2]。

「自覺」的另一種定義,對於冥想禪修傳統當中屬於西方文化的這一塊,影響日漸深遠;若非如此,這新的定義不會廣為流傳。當我們在冥想時,會更精於用不帶批判的角度,觀察自身的感受、思考、想像、採取的行動,諸如此類。隨著這種能力不斷增強,我們雖然仍會有不經思索的自發性反應,但比較不會衝動。我們更能根據真正的意念行事。我們更有「自覺」了。

即便是不冥想禪修的人,也會接觸到時不時就出現的冥想模因。到現在,我們已經有了很多相關的概念,比方說自覺老化(conscious aging)、自覺關係(conscious relationship)、自覺飲食習慣(conscious eating),還有,別忘了,自覺資本主義(Conscious Capitalism)[3];考夫曼對自覺資本主義的定義是「重新導引僅著眼於追求利潤的企業,轉而著眼於操守、高標準以及服務所有利害關係人:員工、供應商、客戶、投資人、社群

2 Sean Murphy, "Conscious Capitalism," *Murfdipity* (blog), murfdipity.com/conscious-capitalism/.
3 「自覺資本主義」是自覺資本主義公司(Conscious Capitalism Inc.)的商標,請見 http://consciouscapitalism.org/。

以及整個世界」[4]。聽起來非常像社會企業，對吧？

也就是在這裡，社會企業開始伸入社會禪型事業的範疇；社會禪型事業的重點，在於要遵循一條智慧之路；在於進行自我觀察與自我認知；在於擁抱平衡與人性；在於學習分辨傳承下來的真實、與對你而言能真正發揮效果的真實；在於培養出準確的認知，根據萬事萬物的秩序來瞭解自身的位置；在於實行哲學家肯恩・威爾伯（Ken Wilber）所謂的「熱情的靜定」（passionate equanimity）；在於在內心找到一個地方，讓薄迦梵歌帶來的哲學慰藉為我們提供力量，讓我們堅定承諾，付諸行動。

社會企業提供絕佳的機會，讓我們更精通這些面向。社會企業的目的，不在於個人的成長或性靈的培養，而是要讓這個世界成為更好的所在。同樣的，這兩者之間有正向的關聯。你越精於成為一位社會禪型創業家，你的成功機會就越高。

而且，千萬別誤會了：不論從神的觀點怎麼看，以人的觀點來說（以及從心的觀點來說），你的成就非常重要。社會企業是想要革新資本主義的大膽嘗試。在我們這個遭受危險的小小地球，或許沒有其他更重要的事了。

4　同註 2。

The Art of
Social
Enterprise

Business as if
People Mattered

謝詞

由於我從事社會責任企業與社會企業已有二十餘年，我必須花時間詳加檢視，好好提一提所有我要感謝的人。無可避免的，我會忽略一些老師與同事；這是因為我的記憶力不佳，而非我不感激他們。

在此同時，我要感謝以下各位，這般相信我和我一起學習，並協助我培養出我的專業：湯尼·柯帝斯（Tony Cortese）、吉爾·佛藍德（Gil Friend）、保羅·吉爾丁（Paul Gilding）、史都華·哈特（Stuart Hart）、布萊恩·凱利（Brian Kelly）、金·洛罕（Kim Loughran）、喬爾·馬考爾（Joel Makower）、鮑伯·碼希（Bob Massie）、尼普·梅塔（Nipun Mehta）、 賀拉德·薩布提（Heerad Sabeti）、安卓雅·史班賽庫克（ Andrea Spencer-

Cooke），以及已故的麥可‧瓦德（Michael Ward）和馬丁‧萊特（Martin Wright）。

我很感激多位願意為了本書在百忙之中撥冗接受專訪的人士：琳達‧阿瓦瑞絲（Linda Alvarez）、大衛‧凱斯（David Case）、丁潔絲（Christina Dean）、菲爾‧哈維（Phil Harvey）、琳達‧洛（Linda Law）、洛伯‧勒德爾（Rob Lederer）、湯姆‧李（Tom Lee）、麥可‧皮朗（Michael Pirron）、喬治‧波利斯納（George Polisner）、賀拉德‧薩布提、蜜雪兒‧聖‧珍（Michelle St. Jane）、尹子信（Houghton Wan）與安德魯‧威廉斯（Andrew Williams）。最後未能收錄名單上某些人的訪談，我深感抱歉；這不是他們的錯。

我也要特別大聲感謝社會企業專家米契爾‧派恩斯（Mitchell Pines），因為他提供的回饋意見，才讓我們得以進行重要的微調。還有雪麗（Sheri）與黛博（Deb），也謝謝兩位絕佳的指引。

許多朋友一路上支持我。我要感謝最先想到的幾位：布崙特（Brent）、布萊恩（Bryan）、大衛（David）、黛博、艾瑞克（Eric）、胡森（Hudson）、米契（Mitch）、保羅（Paul）、洛伯、凡爾（Val）與溫蒂（Wendy）。至於其他人，你們懂的。我非常感謝至親家人：阿隆（Aaron）、艾蜜莉（Emily）、杭特（Hunter）、馬克（Mark）、蘇（Sue）、伍迪（Woody），還有神秘的新貴客。

我要感謝我的共同作者艾倫・布隆伯格，感謝他不可或缺的貢獻。

最後，我要感謝非凡的雪麗・溫絲頓（Sheri Winston），謝謝她的愛與支持。雪麗，我很榮幸能和妳共度人生旅程。

——卡爾・弗蘭克爾

像這樣的一本書，一定是願意分享概念與實驗的先驅領袖努力的成果，那些慨然分享實驗結果的人更功不可沒。我在此列出了當中一些人，但未能全數寫出。

我要特別感謝我的共同作者卡爾・弗蘭克爾，他闡述了一些非常複雜的概念。

我也要感謝事務所裡的合夥人賽斯與克立佛・波爾曼（Seth and Cliff Perlman）以及芭芭拉・娜吉爾（Barbara Nagel），還要感謝出色的同仁張音音（Karen I. Chang Wu）、凱西・歐伊特金（Casey Oetgen）、卡莉・萊茵海瑟（Carly Leinheiser）與珍奈爾・喬瑟夫（Janelle Joseph），他們都和我一起處理了許多交易。

我也要感謝泰瑞・莫爾納（Terry Mollner）、偉恩・西爾比（Wayne Silby）、陶德・強森（Todd Johnson）、喬依・安德森（Joy Anderson）、傑・科恩・吉爾伯（Jay Cohn Gilbert）、兩位 B 實驗室的創辦人安德魯・卡索伊（Andrew Kassoy）以及巴

特・豪拉罕（Bart Houlahan）、賀拉德・薩布提、伍迪・塔區
（Woody Tasch）、黛博・尼爾森（Deb Nelson）、大衛・列文（
David Levine）、傑佛瑞・何倫德（Jeffrey Hollender）、馬克・
藍恩（Mark Lane）、比爾・史特拉斯曼（Bill Strathmann）、彼得・
史瓦德茲（Peter Swords）、大衛・席伊（J. David Seay）、維克・
魯賓諾（Victor Rubino）、丹恩・帕洛塔（Dan Pallotta）、艾琳・
海絲曼（Eileen Heisman）、洛伯・衛塞勒（Rob Wexler）、卡斯・
布瑞爾（Cass Brewer）、馬克・歐文斯（Marc Owens）、麥克・
山德斯（Mike Sanders）、伊芙琳・布洛狄（Evelyn Brody）、
梅瑞安・佛瑞蒙特史密斯（Marion Fremont-Smith）與吉姆・佛
陸區特曼（Jim Fruchterman）。

最後，要感謝一路支持我和我同甘共苦的人：我的妻子蘿倫・
高斯泰茵（Lauren Goldstein）以及我的女兒艾比蓋兒（Abigail）
和艾麗莎（Eliza）。

　　　　　　　　　　　　　　　　　——艾倫・布隆伯格

附錄

A／基本企業實體類型特色比較

基本企業實體類型特色比較

優點	非營利機構	股份有限公司	小型股份公司	有限責任公司
成員與股東的責任有限	是	是	是	是
容許參與分配利潤	否	是	是	是
利潤免稅	UBIT[1]	否	轉嫁	轉嫁
擁有彈性規劃管制與管理架構的自由	否	否	否	是
利害關係人得參與決策	是	是（委託董事會）	是（委託董事會）	是
可接受他人購買債券從事投資	是	是	是	是
可接受他人購買股票從事投資	否	是	是	是
可有不同類別的成員或股東	是	是	否	是
損益分配比例可以不同於出資比例	不適用（不可分配利潤）	僅能按類別分配	否	是
分配額可抵稅	是	否	否	否
可以和營利事業共組合資企業	有限	是	是	是
可以和非營利事業共組合資企業	是	是	是	是
很輕易就能增加新投資人	不適用	是	是	否

基本企業實體類型特色比較

缺點	非營利機構	股份有限公司	小型股份公司	有限責任公司
禁止個人牟利	是	否	否	否
必須擁有所有合資企業的有效控制權	是	否	否	否
經理人要對公眾負責	是	否	否	否
經理人要對股東負責	否	是	是	是
要接受複雜的法規約束	是	是	是	否
所有權人要根據 FICA[2] 從盈餘提撥社會安全稅	否	否	否	是
必須任命董事	是	是	是	否
可由營利事業掌控	間接掌控	是	是	是
可以對公眾發行股份或公開上市（IPO）	否	是	否	否

1 UBIT 全文為 Unrelated Business Income Tax，業外收入所得稅。
2 FICA 全文為 Federal Insurance Contributions Act，「聯邦保險提撥法案」。
備註：本表內並未包括 B 型公司，因為此類型主要是以行銷為目的，而非一種企業實體。

附錄

B

你想瞭解但又問不出口的／社會企業相關問題

哪一種組織型態適合我？

這要視你為何想要創辦社會企業而定。當你在規劃未來時，如果事業體前景取決於他人提供的資金，你能安心嗎？你希望自己能從事業體當中獲利嗎？如果你接受前者，那非營利組織或許是很好的方式。如果是後者，你可能最好進入營利的架構之中。如果，你想要效法越來越多人的做法，希望兩者兼具，那你就可以考慮混合式的組織型態。

某種程度上，這個問題的答案要看你的資金從何而來。你能否透過獎助與捐贈取得必要資金？具備這些條件的話，取得非營利機構的地位才會變成實際上的可能選項。如果你認為你需要投資人，比較可能要採用營利事業的形式。

如果你決定成為非營利機構，那就得進一步決定要成為稅法第501 條 C 項下的哪一類組織。你的非營利組織要免稅，最可能的做法是成為第 501 條 C 項第 3 款下的免稅教育或慈善組織。

如果你要成為營利事業，則要在成為有限責任公司或合夥事業當中擇一。股份有限公司要納稅，有限責任公司、合夥事業以及小型股份公司則不需要。後面三種是轉嫁型組織：利潤會轉嫁給業主，由業主直接支付所得稅。

我是否應該成為某一種新型態的公益性公司？

如果你有以下兩個理由，尋求成為公益性公司是很好的做法。第一，如果你對市場表明你是一家社會企業可以帶來極大的商業價值。第二，如果你認為事業的社會價值需要透過如此公開的方式納入組織的本質當中。

公益性公司是一種近期的創新，在我們寫作本書時，某種程度上還是一種未知商品。公益性公司代表了哪些意義，尚未完全釐清。由於不明朗便代表有風險，在這個時候若要採用公益性公司的形式，這會是其中一個負面影響。但，這裡也有一些反向的考量如品牌經營等等，可以抵銷上述的隱憂。

成為 B 型公司又如何呢？

就像公益性公司一樣，經過認證成為 B 型公司也有品牌經營上的益處。成為 B 型公司就代表聲明：「身為社會企業讓我深感自豪。」成為 B 型公司的缺點，是會招致不算小的管理與財務成本。當中的取捨是否值得，是每一位社會型創業家必須自行判斷的。

身為營利事業，
我如何能透過和非營利組織結盟而受益？

大體而言，你可以從兩方面獲益。第一，你的品牌會因為和某一

項志業相關而受惠。第二，這裡還有其他範圍甚廣得視情境而定的商業利益。和非營利組織結盟，可能有助於你取得慈善資本、建立和政府的關係，或得到僅有非營利組織能提供的專業服務。憑藉獲得非營利組織認可而為你帶來的額外利益，這類伙伴也可以讓你有效率地進入新市場。

身為非營利組織，
我如何透過和營利事業結盟而受益？

和營利事業結盟的益處包括以下幾點：

- 可取得資金。善因行銷活動（cause marketing campaign）可以為非營利組織帶來大筆營收。

- 獲得資源、技術等等。

- 營利事業可以去培養特殊關係或從事特殊活動；有些事情若由非營利組織獨力去做，風險太高。

- 營利事業可以成為非營利組織支持者的投資工具。比方說，支持者可以直接投資甲公司，條件是甲公司部分或全部股利都要直接捐給非營利組織。或者，支持者也可以把投資在甲公司的資金捐贈給非營利組織。

- 結盟之後，或許能在營收無須納稅的條件下從事某些商

業行為。如果稅法下的免稅機構經營某一家和其慈善或教育目的無關的企業並賺得營收，這家非營利組織就要支付美國稅法中的業外收入所得稅。但，企業股利無須課稅，透過善因行銷創造出來的捐贈也無須課稅。

身為非營利組織，我能合法地採行哪些賺錢策略？

法律並未限制你可以經營的業務類型，但，在某些情況下，你必須支付業外收入所得稅。在更極端的情況下，你要冒上失去免稅資格的風險。

如果你經營的業務和原本的慈善或教育目的並未明顯相關，你就要支付業外收入所得稅。如果你適用於第 501 條 C 項第 3 款的教育或慈善組織的主要目的是經營業務、而且該業務無法直接推展組織的慈善或教育使命，你就要冒著失去免稅資格的風險。

身為非營利組織，我能合法地採行哪些投資策略？

非營利組織可以投資任何企業，但前提是董事會要核准該項投資，而且本項投資屬於明智使用組織資產的行為。

透過投資創造的收入，可能要也可能不要課稅，要視當時情況的細節而定。而就像我們之前看到的，股利無須課稅。但，如

果你投資的是有限責任公司，收益就要課稅，因為有限責任公司在法律架構上屬於轉嫁實體。

從企業觀點來看，
有哪些方法最能善用社會使命？

有兩種基本方法可以善用社會使命：行銷和策略結盟。

當你將社會使命整合納入企業策略時，你不需要再把使命強加入行銷資料當中，一切將會水到渠成。比方說，如果你定下「二合一」的策略，客戶每買一件產品，你就再捐一件給需要的人，你得讓大家知道這項策略，因為這是你的賣點核心。很多人就是因為這樣才選擇購買你的產品。

至於策略結盟，如果設計得宜，可以帶來顯著的品牌益處。以席爾斯百貨（Sears）為例，這家公司長久以來堅持要服務退伍軍人。公司因此贏得「愛國者分數」，還有退伍軍人社群對這家公司本身與他們理應能達到高標準表現的認同。

NEXT叢書 0211

如何打造社會企業——以人為本的新商機，幸福經濟帶來大收益
The Art of Social Enterprise: Business as if People Mattered

作　者——卡爾‧弗蘭克爾 Carl Frankel、艾倫‧布隆伯格 Allen Bromberger
譯　者——吳書榆
主　編——陳盈華
美術設計——陳文德
執行企劃——楊齡媛

董 事 長——趙政岷
出 版 者——時報文化出版企業股份有限公司
　　　　108019臺北市和平西路三段二四○號三樓
　　　　發行專線──（○二）二三○六六八四二
　　　　讀者服務專線──○八○○二三一七○五‧（○二）二三○四七一○三
　　　　讀者服務傳真──（○二）二三○四六八五八
　　　　郵撥──一九三四四七二四時報文化出版公司
　　　　信箱──10899臺北華江橋郵局第九九信箱
時報悅讀網──http://www.readingtimes.com.tw
電子郵件信箱──big@readingtimes.com.tw
法律顧問——理律法律事務所 陳長文律師、李念祖律師
印　刷——勁達印刷有限公司
初版一刷——二○一四年八月八日
初版二刷——二○二二年十一月二十五日
定　價——新台幣三三○元
版權所有 翻印必究（缺頁或破損的書，請寄回更換）

時報文化出版公司成立於一九七五年，
並於一九九九年股票上櫃公開發行，於二○○八年脫離中時集團非屬旺中，
以「尊重智慧與創意的文化事業」為信念。